A Monique et Colette

Les auteurs expriment leurs remerciements à toutes les personnes qui ont participé à la lecture et à la correction de cet ouvrage, ainsi qu'à mesdames D. Degrandsart et M. Van de Cappelle pour la réalisation pratique du manuscrit.

La qualité totale
dans l'entreprise

© LES ÉDITIONS D'ORGANISATION, 1986

Collection management 2000
dirigée par Bernard Monteil

Gilbert STORA
Jean MONTAIGNE

La qualité totale
dans l'entreprise

Préface de Jacques Lemonnier

1986

les éditions d'organisation

5, rue Rousselet — 75007 PARIS

ISBN : 2-7081-0710-0

SOMMAIRE

Pages

Préface de J. LEMONNIER 11

Introduction

• *Le besoin de qualité* 15
  — La complexité 15
  — La mondialisation des marchés 17
  — L'évolution socio-culturelle 18
  — La crise énergétique 19

• *L'évolution du concept Qualité* 21
  — Le Contrôle de la Qualité 21
  — L'Assurance de la Qualité 22
  — La Gestion Totale de la Qualité 25
  — Les résultantes du mouvement Qualité 30

CHAPITRE 1 – Le programme qualité de l'entreprise : aspect conceptuel

• *Généralités* 35
  — Choix terminologique 35
  — Caractéristiques du programme 35
  — Finalité du programme 38
  — Composition du programme 38

• *La politique Qualité de l'entreprise* 39
  — Élaboration et mise en place 39
  — Exemple 41
  — Pénétration 43

• *Les concepts de base de l'approche globale qualité* .. 45
  — Concepts : définition de la qualité, zéro-défaut, prévention, mesure de la qualité 45

Pages

— Cohérence du système 60

• *Les principes de la gestion de la Qualité* 62

— Engagement du management 62
— Adhésion de tout le personnel 71
— Amélioration rationnelle de la Qualité 74

CHAPITRE 2 — La mise en place du programme Qualité dans l'entreprise

• *Actions du Management* 82

— Structure Qualité 82
— Formation à la qualité 85
— Projets d'amélioration de la Qualité 94
— Communications 97
— Reconnaissance des mérites..................... 98
— Objectifs Qualité 99
— Plan Qualité 101

• *Actions du Personnel* 103

— Travail en groupe 104
— Objectifs individuels 110
— Relation client-fournisseur R.C.F................ 113
— Autocontrôle.................................. 114

CHAPITRE 3 — Les moyens et outils du programme qualité :

• *Relation client-fournisseur interne* 121

— Relation client-fournisseur R.C.F................ 121
— Description et Analyse d'Activités — D.A.A. 124
— Contrats de service 133

• *Relation client-fournisseur externe* 136

— Relation client externe-fournisseur R.C.E.-F....... 136
— Relation client-fournisseur externe R.C.-F.E....... 138
— Défauts au temps T = zéro..................... 140

• *Coût d'Obtention de la Qualité C.O.Q.*............. 147

— Définition 147
— Usages 150
— Évaluation................................... 152
— Écueils 156
— Qualité et productivité........................ 158

Pages

- *Études d'Opinion* 162
  - — Étude d'opinion générale 162
  - — Étude d'opinion par échantillonnage 168

- *Contrôle des processus* 173
  - — Pourquoi contrôler les processus............... 173
  - — Définition d'un processus 173
  - — Typologie et structure des processus 174
  - — Qualité de la conception et qualité de l'exécution. 177
  - — Management des processus interfonctionnels 178

- *Contrôle statistique*............................. 181
  - — Statistiques descriptives 183
  - — Méthodes d'échantillonnage 187
  - — Cartes de contrôle 195

- *Groupes de travail* 205
  - — Étapes de résolution d'un problème 205
  - — Outils de résolution d'un problème 210

- *Le métier de faciliteur*.......................... 222

Conclusion 224

Les 3 aspects novateurs de la Gestion Totale de la Qualité :

- *L'entreprise : ensemble de relations client-fournisseur*. 224
- *L'entreprise : ensemble de processus et de produits* .. 225
- *L'entreprise : organisation temporelle et spatiale* 225

Index 227

Glossaire 231

Bibliographie................................... 233

PRÉFACE

La Gestion Totale de la Qualité qui englobe les dimensions techniques, économiques et humaines de l'entreprise, pénètre rapidement dans notre pays. C'est, à mon sens, un mouvement irréversible car il constitue l'une des pièces maîtresses pour le progrès de l'entreprise.

Face à la concurrence internationale, la Qualité signifie la survie technique. Parce qu'elle permet de mieux maîtriser la complexité du monde moderne, elle constitue un gisement de profit. Parce qu'elle implique, enfin, tout le personnel en permettant à chacun de s'exprimer elle constitue une étape fondamentale pour la responsabilisation et la valorisation des personnes au sein d'une collectivité.

C'est pourquoi, faire en sorte que soit pris en compte dans un esprit de Qualité l'ensemble des processus d'une entreprise — non seulement techniques, mais également commerciaux, administratifs, financiers — est devenu une nécessité d'aujourd'hui. Et cette nécessité n'est pas seulement celle du monde industriel, c'est celle de toutes les entreprises humaines, publiques ou privées.

Ce livre de MM. STORA et MONTAIGNE énonce des concepts, principes et méthodes : une approche pour conduire le mouvement dans l'entreprise et obtenir des résultats tangibles et durables. Il relate une expérience vécue pendant plusieurs années au sein d'IBM France, et vise à fournir à tout dirigeant les moyens et outils à mettre en oeuvre pour une Gestion Totale de la Qualité.

J. Lemonnier
Président d'I.B.M. France

INTRODUCTION

1 — LE BESOIN QUALITÉ

1 - 1 — La complexité
1 - 2 — La mondialisation des marchés
1 - 3 — L'évolution socio-culturelle
1 - 4 — La crise énergétique

2 — ÉVOLUTION DU CONCEPT QUALITÉ

2 - 1 — Le contrôle de la qualité
2 - 2 — L'assurance de la qualité
2 - 3 — La gestion Totale de la Qualité
2 - 4 — Les résultantes du mouvement qualité

Théophile Gautier écrivait en 1845 :

« *Jamais l'on n'a autant exigé de l'homme et de la matière qu'aujourd'hui. Le cerveau est chauffé aussi fort que la locomotive ; il faut que la main courre sur le papier comme le wagon sur le railway. Le rêve du siècle est la rapidité. Pour acquérir un nom maintenant, il faut travailler vite, beaucoup et sans relâche, et très bien, car le public devient de plus en plus exigeant et difficile.* »

Cette citation nous rappelle que la Qualité est une valeur universelle, que le client est un personnage universel, même si nous avons un penchant marqué pour notre siècle, pour les produits nouveaux qu'il a créés ; hier au XIXᵉ siècle le railway, aujourd'hui l'informatique, les télécommunications, etc.

Il est certain que notre civilisation qui plonge ses racines dans l'antiquité avec les sept merveilles du monde, les pyramides, les temples grecs, les théâtres romains, s'est épanouie hier dans nos pays avec les cathédrales, le meuble, la porcelaine, aujourd'hui avec le chemin de fer, la télévision, le téléphone, l'automobile et l'informatique. Aucune de ces réalisations n'a été possible sans une certaine idée de la Qualité, valeur fondamentale et nécessaire au progrès, indispensable pour maîtriser l'avenir, basée sur l'excellence individuelle et collective.

La Qualité est maintenant une valeur au niveau de l'entreprise. Elle ne devrait plus être absente des programmes des écoles de management, comme ce fut le cas jusqu'à un passé récent où la qualité n'était qu'une technique, voire un compromis, rarement une valeur fondamentale.

A un consultant qui nous posait la question de savoir pourquoi le mot Qualité était si longtemps resté absent du message de ces écoles, nous répondions que l'entreprise performante moderne est infiniment plus sophistiquée dans son fonctionnement aujourd'hui que l'entreprise performante d'il y a 20 ans, 30 ans ou 50 ans. Son management s'est enrichi progressivement de concepts comme la planification opérationnelle et stratégique, les politiques corporatives, la gestion de la recherche et du développement, la productivité, etc., à l'image d'une laque japonaise qui se crée et se perfectionne par couches successives.

1 — LE BESOIN DE QUALITÉ

Le besoin de qualité, qui a donné naissance à ce grand mouvement de Gestion Totale de la Qualité (G.T.Q.) est à notre sens porté par 3 lames de fond et par un effet conjoncturel. Les 3 lames de fond sont :

- la complexité croissante des produits et des services,
- La mondialisation des marchés,
- L'évolution socio-culturelle

Le facteur conjoncturel est la crise énergétique qui, en remettant en cause les équilibres économiques antérieurs, a joué le rôle de déclencheur.

1 - 1 — LA COMPLEXITÉ

• *Complexité technique*

Le meilleur exemple de la croissance de la complexité des produits nous paraît être la microplaquette en silicium qui constitue l'élément de base des mémoires de nos ordinateurs. Ces microplaquettes sont appelées encore "mémoires monolithiques" pour indiquer que de nombreuses positions élémentaires de mémoire (ou bits) sont créées et câblées au sein d'un petit bloc de silicium de moins de 1cm² de surface et de quelques dixièmes de millimètre d'épaisseur.

Le tableau A (p. 20) indique l'évolution de l'intégration passée et à venir, c'est-à-dire le nombre de positions élémentaires (bits) par microplaquette. Sachant qu'un transistor suffit à réaliser un "bit", nous sommes donc passés d'une réalité de 1 000 transistors par microplaquette en 1970 à un espoir très probable de 1 million de transistors par microplaquette en 1990. Nous sommes dès aujourd'hui capables de "produire" des microplaquettes à 256 000 transistors.

Il faut savoir que les pionniers de cette industrie ont eu des difficultés considérables à réaliser des microplaquettes à 1 000 transistors en 1970 et qu'ils n'anticipaient pas un progrès aussi rapide. Il a fallu alors qu'ils inventent et qu'ils maîtrisent de nouvelles techniques d'assurance de la qualité, essentiellement basées sur l'assurance de la qualité des processus.

Il est, de plus, évident que ce niveau d'intégration croissant a exigé un contrôle croissant et une sophistication croissante des processus de fabrication (technique et logistique).

En effet, et pour simplifier, un ensemble de processus capable de créer un seul transistor mauvais tous les 256 000 transistors permet un rendement voisin de 100 % en microplaquettes à 1 000 transistors, et un rendement nul en microplaquettes à 256 000 transistors et plus.

● *Complexité technico-administrative*

Ce qui est moins connu, c'est qu'aucune de ces microplaquettes n'a été dessinée par la main de l'homme sur une planche à dessin. Elles ont toutes été dessinées grâce à des programmes de conception assistée par ordinateur (C.A.O.). Ces programmes C.A.O. se sont perfectionnés afin de pouvoir passer sans aucune erreur de dessins à 1 000 transistors, à des dessins à 1 000 000 de transistors. Sachant qu'un transistor est un dessin complexe et que, de plus, tous les transistors sont interconnectés, on peut mesurer la complexité croissante des dessins qu'il faut réaliser au niveau de la microplaquette.

Il a donc fallu concevoir des logiciels capables de créer ces dessins sans aucune erreur. Le tableau B (p. 20) indique l'évolution du nombre d'instructions de ces programmes en prenant 1975 comme base 100.

● *Complexité administrative*

Prenons pour exemple la gestion du personnel. La généralisation des horaires variables, l'environnement réglementaire en matière d'heures supplémentaires, de temps partiel, la possibilité d'options offertes au personnel en matière de couverture de risques (assurances décès facultatives, rente éducation, rente de veuve, etc.), toutes ces dispositions ont rendu le processus de gestion du personnel et le bulletin de salaire qui en est un des produits, nettement plus complexes, comme le montre le tableau suivant :

DESTINATAIRE :

les éditions d'organisation

EDITIONS

HOMMES ET TECHNIQUES

5, rue Rousselet
75007 PARIS

(FRANCE)

1986

Veuillez m'adresser régulièrement l'annonce de vos nouveautés concernant* :

* Mettre une croix dans la case correspondante.

1	Economie
2	Direction - Gestion

3	Administratif - Bureautique
4	Comptabilité - Finance
5	Production

6	Vente - Marketing
7	Mathématiques de l'entreprise

8	Informatique
9	Personnel - Communication Formation

Attention : si vous recevez déjà nos avis de parution, il est inutile de nous retourner ce formulaire. Veuillez nous aviser de tout changement de coordonnées en joignant la dernière étiquette adresse reçue (comportant un **n° d'identification**) et en indiquant votre nouvelle adresse.

POUR UN SERVICE GRATUIT D'INFORMATIONS

Vous êtes intéressé par nos avis de parution : retournez-nous ce formulaire rempli recto et verso, en MAJUSCULES pour éviter toute erreur de transcription.

M., Mme, Mlle

Nom

Prénom

PROFESSION :

A mon adresse professionnelle □　　OU　　**A mon adresse privée** □

Raison sociale　ou　rue

Rue　ou　complément d'adresse

Code postal

Bureau distributeur　ou　ville et pays

Fonction (1)
- □ 1 Chef d'entreprise
- □ 2 Chef de service
- □ 3 Ingénieur, cadre
- □ 4 Technicien, maîtrise
- □ 5 Enseignant
- □ 6 Étudiant

Service (1)
- □ 1 Direction générale
- □ 2 Administratif-financier
- □ 3 Personnel-Formation
- □ 4 Commer., pub., mark.
- □ 5 Technique, production
- □ 6 Approv., achats
- □ 7 Informatique
- □ 8 Études, recherches
- □ 9 Organisation
- □ 0 Documentation

Activité de l'entreprise (1)
- □ 1 Industrie
- □ 2 Commerce
- □ 3 Artisanat
- □ 5 Prestations de serv.
- □ 7 Prestations de serv.
- □ 8 Professions libérales
- □ 9 Collect., groupt., minist.
- □ 0 Enseignement

Nombre de salariés (1)
- □ 1 Moins de 50
- □ 2 de 50 à 200
- □ 3 de 200 à 500
- □ 4 de 500 à 1000
- □ 5 plus de 1000

(1) Remplir une seule case (choisir la définition dominante).

Ne pas remplir

RESERVE
A NOS SERVICES
Code INSEE

Quartier

C

T.S.V.P.

Processus de gestion du personnel	1984/1970
Nombre d'instructions	x 2,2
Nombre de caractères par personne	x 9,0
Bulletin de salaire	
Nombre de lignes	x 2,5
Nombre de codes paie	x 2,1

● *Complexité des processus : Aspect systémique et suboptimisation*

Les exemples précédents montrent bien qu'il s'agit de réelle complexité et non pas de complication ou encore de complexité réversible.

Chaque fois que la complexité apparaîtra comme irréversible, nous serons tentés de la qualifier de véritable.

La complexité conduit naturellement à la notion de système, et la notion de système a mis en évidence que « le tout est différent de la somme des parties ». C'est le cas des énergies de couplage en physique rendant l'énergie totale de la molécule supérieure à la somme des énergies des atomes. C'est encore le cas du trafic urbain automobile qui est différent de la somme des actions individuelles de conduite (heures de pointe, heures creuses).

La qualité à chacune des opérations n'est plus suffisante pour garantir la qualité de l'ensemble, et la gestion de la qualité de processus complexes exige une approche systémique, un renouvellement ou une extension de certaines pratiques d'assurance de la qualité appliquées aux systèmes simples ; la maîtrise de la qualité des éléments n'est plus qu'une petite partie de la maîtrise de la qualité d'un ensemble complexe. Ceci aura comme nous le verrons des implications sur l'organisation de l'entreprise.

Le management participatif par objectif (M.P.P.O.) ne doit pas conduire à des suboptimisations contraires ou contradictoires par rapport à la qualité.

1 - 2 — MONDIALISATION DES MARCHÉS

Il y a toujours eu des courants mondiaux pour les produits manufacturés, mais les 30 dernières années ont accéléré ce processus d'échange et l'ont étendu à des produits précédemment fabriqués localement et que d'aucuns pensaient à l'abri de toute concurrence.

Le pain est un exemple parmi tant d'autres ; le pain artisanal fabriqué traditionnellement sur le lieu de consommation est maintenant concurrencé par des produits industriels qui vont même jusqu'à traverser les frontières. (ex. pains anglais, allemands, nordiques distribués en France). L'automobile, le mobilier, la construction en sont d'autres.

C'est le développement des moyens de transport et des techniques de communication qui sont à l'origine de cette situation. La conséquence en est qu'une entreprise n'a plus guère de privilège géographique en matière de marché et qu'elle doit par contre conquérir des marchés autres que ceux géographiquement naturels pour elle. Or la conquête de marchés ne peut se faire que par l'établissement d'une bonne réputation. La qualité des produits et services est une condition nécessaire à une bonne réputation. La qualité devient donc un atout majeur de la conquête des marchés. Et on pourrait ajouter comme boutade que plus le marché est éloigné (géographiquement, culturellement, etc.), plus la réputation joue un rôle important dans la décision d'achat.

1 - 3 — ÉVOLUTION SOCIO-CULTURELLE

Le développement des moyens de communications et l'élévation du niveau d'instruction dans de nombreux pays du monde conduisent l'entreprise, notamment dans les pays les plus évolués, à quitter le mode dit taylorien pour un mode post-taylorien.

Le modèle dit taylorien — car nous ne pensons pas que Taylor l'avait voulu ainsi en lançant l'organisation scientifique du travail — est un modèle d'entreprise constitué :

— d'une part de gestionnaires/organisateurs
— d'autre part d'employés/exécutants.

Les organisateurs définissent les postes de travail et les procédures à appliquer, les employés exécutent sans initiative.

Le modèle a petit à petit reculé devant l'exigence des employés de mieux en mieux instruits, acceptant de moins en moins d'être privés d'initiative. On a eu des programmes d'enrichissement des tâches, des programmes boîte à idées ou suggestions, des programmes de formation permanente et de promotion interne, la création de filières de spécialistes, etc.

Nous verrons que la qualité, dans la mesure où elle implique la contribution créative de tous à l'amélioration continue des processus, devient une valeur "qualifiante" pour tout employé de l'entreprise.

L'évolution socio-culturelle touche non seulement les employés, mais aussi les consommateurs et ceux-ci deviennent plus exigeants ; ils s'organisent en associations compétentes pour analyser et comparer les produits et services en terme de valeur d'usage et pour combattre certaines tendances, comme par exemple le fait que l'obsolescence planifiée ou la durée d'usage des produits (produits jetables) puisse permettre d'être laxiste en matière de qualité.

Nous verrons que la société de consommation ne peut pas, sans risque majeur, se laisser pervertir par la non-qualité.

1 - 4 — LA CRISE ÉNERGÉTIQUE

Nous considérons que la complexité, la mondialisation des marchés et l'évolution socio-culturelle de nos populations sont 3 lames de fond, mais nous pensons qu'elles sont apparues en surface grâce à un "déclencheur" : c'est la crise énergétique qui a joué ce rôle dans la décennie 70.

L'augmentation soudaine du coût de l'énergie, bousculant les équilibres antérieurs a en effet exacerbé la concurrence internationale et, à ce titre, a obligé les entreprises à accroître leur compétitivité. Elle a rendu les clients plus exigeants. La qualité, comme nous le verrons, est aussi une réserve de compétitivité pour l'entreprise, en ce sens qu'un programme d'amélioration de la qualité élimine des dysfonctionnements souvent coûteux pour celle-ci.

La Gestion Totale de la Qualité serait certainement apparue tôt ou tard pour faire face aux trois problèmes de fond précédemment identifiés ; la crise économique a donc joué le rôle de déclencheur et, dès lors que le mouvement est déclenché, on peut prévoir que les entreprises qui n'auraient pas mis en œuvre un programme qualité seront aux prises avec des difficultés dès la décennie prochaine.

Tableau A

ANNÉE	Nombre de positions mémoire par microplaquette
1970	1 000
1973	4 000
1976	16 000
1980	65 000
1984	256 000
1990	4 000 000 (prévision)

Tableau B

ANNÉE	LOGICIEL (C. A. O.) Nombre d'instructions
1975	Base 100
1980	270
1985	490

2 — ÉVOLUTION DU CONCEPT QUALITÉ

Accompagnant la mutation technologique et socio-culturelle, l'évolution du concept Qualité constitue une caractéristique remarquable de cette deuxième moitié du XXe siècle. Le principe de la gestion de la Qualité, tant sur le plan de la conception que sur celui de la réalisation, passe successivement, durant cette période, par trois phases distinctes, alors qu'il n'avait pratiquement pas changé depuis le début de l'ère industrielle.

2 - 1 — LE CONTROLE DE QUALITÉ

Dans les années 40, les théories de Taylor sur l'Organisation Scientifique du Travail sont encore fortement en vigueur dans pratiquement toutes les entreprises.

Plus ou moins déviées de leur intention initiale, elles se manifestent dans les principes de management comme dans l'organisation du travail par :
- la décomposition du travail en tâches élémentaires,
- la limitation des responsabilités,
- la spécialisation des unités fonctionnelles tendant vers le cloisonnement,
- la productivité basée sur l'intéressement de l'agent de production à son propre volume de production,
- un système hiérarchique se chargeant de la conception et du contrôle de l'exécution, privant l'exécutant de toute initiative.

Ainsi le Taylorisme qui avait fait la force et le succès de la révolution industrielle de la fin du XIXe siècle est encore bien enraciné dans l'entreprise occidentale au lendemain de la seconde guerre mondiale.

Le travailleur est le plus souvent réduit au rôle de simple exécutant auprès de la machine et l'entreprise n'étant, pour lui, que son moyen d'existence, il recherche à l'extérieur ses raisons d'être et d'espérer.

L'organisation du travail conduit alors à des clivages profonds. Entre ceux qui pensent et décident et ceux qui exécutent ; entre ceux qui produisent et ceux qui contrôlent. Car tout le travail effectué par l'un doit être contrôlé par l'autre.

La Qualité est obtenue essentiellement par le contrôle final des pièces fabriquées. Toute l'attention est portée sur la Qualité du produit fini ou semi-fini, les pièces rejetées étant détruites ou retravaillées. L'utilisation des méthodes statistiques est encore limitée.

Dans ces conditions, le coût de la pièce "bonne" ou "vendable" est fonction du coût du tri et du taux de rejet. Améliorer la Qualité — en resserrant par exemple les spécifications de contrôle — signifie augmenter le prix de revient du produit sortant.

De là l'idée, qui subsiste trop souvent de nos jours : « la Qualité, ça se paie ! » On discute facilement du compromis Coût-Qualité, ne pouvant concevoir que l'on puisse gagner sur un facteur sans perdre sur l'autre.

Dans une telle conception de la Qualité, la fabrication s'efforce de présenter le maximum de pièces au contrôle et s'attache à ce qu'elles passent coûte que coûte cette barrière. De son côté, le Contrôle Qualité, jouant le rôle de douanier, s'efforce de déjouer les "combines" qui pourraient l'amener à accepter un produit mauvais. Un rapport de méfiance s'installe entre les uns et les autres. La direction arbitre.

Et l'entreprise apparaît alors comme un ensemble de bastions, ayant chacun leurs pouvoirs réservés, luttant pour les préserver et ne laissant que peu de chances au personnel de faible niveau hiérarchique de se réaliser sur le plan personnel. L'attitude de la direction vis-à-vis de ces conflits conditionne les comportements.

2 - 2 — L'ASSURANCE DE LA QUALITÉ

L'effet conjugué de la complexité croissante des produits, de l'expansion générale des marchés ainsi que de l'élévation du niveau d'éducation amène progressivement le monde industriel — dans les années 50 et 60 — à se détacher du concept "Contrôle de la Qualité" pour adopter celui de "l'Assurance de la Qualité". Il n'est plus concevable, sous peine de rendements catastrophiques, d'effectuer des contrôles de loin en loin sur les chaînes de fabrication. Le contrôle doit s'intégrer à la production et le produit doit être conçu de façon à satisfaire les exigences de ce contrôle intégré. Il s'agit du fameux "Quality Built-in" où l'on s'assure aux différentes étapes du processus de fabrication que l'opération a été correctement exécutée de façon à obtenir, en final, un produit ayant un minimum de défauts. On fait appel aux techniques du contrôle statistique ; des spécialistes Qualité apportent un support permanent aux opérations des lignes. On s'intéresse à la Qualité du procédé et non plus exclusivement à la Qualité du Produit. On introduit par là même la notion de prévention.

Ce contexte nouveau conduit à améliorer à la fois la Qualité du produit et le rendement du processus. Sans compter que, les défauts étant généralement détectés là où, en principe, ils sont générés, c'est-à-dire là où ils coûtent le moins cher à éliminer, les coûts se trouvent a fortiori minimisés.

L'avènement de l'automation et des systèmes informatiques ont grandement facilité ce changement.

Le concept "Assurance de la Qualité" ainsi né se définit comme étant « la mise en œuvre d'un ensemble approprié de dispositions préétablies et systématiques destinée à donner confiance en l'obtention régulière de la Qualité requise* ».

Les deux entités fonctionnelles Production et Qualité subsistent mais leurs rapports sont essentiellement différents et le partage de leurs responsabilités profondément modifié.

Essayons d'en faire une analyse succincte :

1. La fonction Production est définitivement responsable de la Qualité de ses produits, les contrôles en ligne et en final lui ont été transférés officiellement. Les outils statistiques sont largement utilisés. Les contrôleurs Qualité sont de moins en moins nombreux, chaque étape du procédé vérifiant elle-même la Qualité de ce qu'elle livre à l'opération suivante.

2. La fonction Assurance de la Qualité est responsable de la mise en place des dispositions ci-dessus et de la qualité des produits vis-à-vis des clients. Elle interface avec les utilisateurs pour connaître et satisfaire leurs besoins, traiter leurs réclamations, leurs problèmes Qualité. Pour l'entreprise elle est le garant de la Qualité des produits sortants (tableau n° 1, page 24).

A ce titre, l'Assurance de la Qualité :

- étudie et définit les méthodes de contrôle que la production applique,
- certifie les opérateurs de production pour leur aptitude à exécuter le processus conformément aux standards de Qualité,
- fixe les objectifs de Qualité à atteindre (répondant aux besoins des utilisateurs),
- décide de l'entrée en stock des produits au vu des résultats de la Production et de ses propres résultats obtenus par audit en ligne et prélèvement d'échantillons,

---

* Définiton AFCIQ : Association Française pour le Contrôle Industriel de la Qualité.

- assure de façon continue l'évaluation de la Qualité, de la fiabilité et de la fonctionnalité des produits livrés par des techniques statistiques et d'essais accélérés,
- mesure les performances Qualité aux points d'utilisation des produits, analyse les causes de défaillance et définit les actions correctives,
- est l'interlocuteur officiel de l'unité de production auprès des clients ou utilisateurs pour tous les aspects Qualité.

C'est ainsi que la fonction Assurance Qualité regroupe les compétences, les spécialistes de pointe dans des domaines aussi variés que les statistiques, les modèles mathématiques, la fiabilité, les essais accélérés, l'analyse métrologique, physico-chimique et électrique des défauts, les audits et la documentation spécialisée, etc. Elle dispose parallèlement des équipements d'analyse et d'essais les plus sophistiqués et des systèmes de traitement de données, adaptés à sa mission.

Tableau n°1

RÔLE DE L'ASSURANCE QUALITÉ

PRODUCTION	*STOCK*	*UTILISATEUR/ CLIENT*
— Méthodes de contrôle — Fixation des objectifs Qualité — Certification des moyens mis en place et des opérateurs — Audits en ligne	— Évalutations par prélèvements — Essais accélérés — Décision d'entrée en stock	— Mesure des performances — Garantie du niveau qualité et fiabilité — Réception et traitement des réclamations

« La qualité se fabrique, elle ne se contrôle pas. »

En résumé, le concept "Assurance de la Qualité" correspond à une décentralisation de responsabilités, à un enrichissement des tâches, à des relations interfonctionnelles plus developpées, à une relation client-fournisseur plus étroite (voir chapitre 3), à une plus grande participation du personnel sur des objectifs communs (la Qualité du produit — la Qualité du procédé — la satisfaction du client).

L'antagonisme organisateur-exécutant s'estompe.

2 - 3 — LA GESTION TOTALE DE LA QUALITE (G.T.Q.)

Arrivent les années 80, avec la pression menaçante de la concurrence internationale. Le monde industriel occidental s'interroge çà et là sur les raisons des succès japonais. Les experts s'accordent à reconnaître que la Gestion Totale de la Qualité, telle que pratiquée au Japon, est l'un des facteurs déterminants de sa compétitivité.

Cette gestion de la Qualité repose sur les principes du T.Q.C. (Total Quality Control) que les Américains et les Européens se sont efforcés de comprendre puis de mettre en oeuvre dans leurs entreprises ; ceci plus ou moins complètement, par des voies très différentes et, il faut bien le dire, avec plus ou moins de bonheur.

Car le concept T.Q.C., inventé aux États-Unis, — que les Japonais nomment également C.W.Q.C. (Company Wide Quality Control) — comporte des facettes multiples et sa richesse le rend difficile à appréhender dans sa totalité.

Nous nous bornerons dans ce chapitre à en dégager les idées force sachant que le concept G.T.Q. (dénomination française) a la même signifition que T.Q.C. (dénomination américaine-référence A. Feigenbaum).

2 - 3 - 1 — Aspects terminologiques

Il faut bien voir avant tout que le mot "Contrôle", au sens français du terme, ne veut pas dire la même chose que le mot "Control" anglo-saxon. Dans Contrôle de Qualité, "Contrôle" signifie "vérifier, inspecter". Quand les Japonais ou Américains parlent de "Quality Control", "Control" signifie "maîtriser, dominer".

Ainsi, contrôler une voiture dans le sens français du terme, c'est vérifier que les organes sont en place et assurent leur fonction ; dans le sens anglo-saxon du terme, c'est avoir cette voiture bien en main et en maîtriser le fonctionnement.

Pour éviter cette ambiguïté terminologique nous avons choisi de traduire T.Q.C. par "Gestion Totale de la Qualité" qui évoque la même idée que "Qualité au sens large" ou "Approche globale de la Qualité" souvent utilisée dans la pratique actuelle.

2 - 3 - 2 — *Signification du concept « GESTION TOTALE DE LA QUALITÉ »*

Par rapport au concept assurance de la Qualité, le concept G.T.Q. traduit une évolution considérable de la gestion de la Qualité.

Il s'agit d'un changement du mode de fonctionnement de l'entreprise que le management dans son ensemble, à commencer par la Direction Générale et suivant une progression du haut vers le bas, doit assurer avec détermination.

Les axes directeurs du concept G.T.Q. correspondent en effet à des orientations nouvelles qui se trouvent incluses dans l'idée générale de totalité :

1. TOTALE signifie d'abord que toutes les fonctions de l'entreprise sont impliquées dans l'obtention de la Qualité des produits et des services.

   C'est le sens du « Company Wide Quality Control » qui, traduit littéralement, signifie : gestion de la Qualité par l'entreprise tout entière.

   Désormais, la Qualité n'est plus le fait unique des fonctions traitant du produit (le développement, la production, l'assurance Qualité) mais également des fonctions de support, de gestion, administration et ventes. La notion de service, surtout pour les fonctions indirectes, prend une dimension toute nouvelle : la "serviceabilité"*, performance mesurable, est placée au rang des objectifs majeurs de toute fonction de l'entreprise.

2. TOTALE signifie aussi qu'au sein de chaque fonction tous les employés sont des agents de la Qualité, responsables à part entière. Cela sans distinction de rôle ou de niveau hiérarchique. La secrétaire d'un service de marketing qui commet une erreur de frappe ; le standardiste d'une usine qui fait un mauvais aiguillage ; le comptable d'un département financier qui laisse partir une facture erronée ; l'acheteur d'une fonction approvisionnement qui n'affecte pas les codes corrects sur sa commande ; le vendeur des services commerciaux qui ne fait pas correctement la promotion de son produit ; le président qui annule une réunion à la dernière heure : chacun à son poste devient responsable de la Qualité du travail qu'il accomplit et/ou de celui du groupe auquel il appartient. Chacun doit percevoir ses objectifs en termes mesurables. La Qualité, désormais, est l'affaire de tous.

---

* « serviceabilité » : On retiendra ce terme pour désigner l'aptitude d'une unité fonctionnelle à livrer en temps voulu à ses clients des produits ou des services conformes aux besoins spécifiés tant sur le plan des quantités que sur celui des performances.

3. TOTALE signifie encore :
   — une intégration dans la gestion de la Qualité de tous les besoins clients (coûts, délais, performances, qualité au sens strict),
   — une extension au sein de toute l'entreprise de la relation client-fournisseur,
   — une norme Qualité universelle (absence totale de défauts).

4. TOTALE signifie de plus que chaque fonction met en oeuvre tous ses moyens propres pour améliorer la Qualité — et ceci en orientant ses ressources vers la prévention plutôt que vers la résolution des problèmes de Qualité (schéma n° 2, page 28).

   La fonction Conception/Développement par exemple développera et optimisera l'utilisation des outils de simulation, des revues de phase des projets, de la testabilité des produits, etc. La fonction Assurance de la Qualité orientera son potentiel de diagnostic et d'analyse des défauts vers l'identification des causes de défaut originelles, de développement de modèles, d'analyse de construction, etc. La production s'attachera à mettre sous contrôle tous les processus, à les optimiser. La fonction Achats développera les audits fournisseurs, etc.

5. TOTALE signifie enfin que chaque fonction est impliquée pendant toute la durée du cycle du produit. Depuis le stade de la conception jusqu'au service après-vente en passant par le développement, les méthodes, la fabrication, les achats, la distribution, les ventes. Toutes ces unités fonctionnelles demeurent, chacune dans le cadre de leurs missions, actives et responsables de la Qualité jusqu'à la satisfaction complète du client et pendant toute la vie du produit ou du service.

   Prenons un exemple : celui de l'unité de production. Pendant la phase de conception du produit, la production s'implique dans le développement du projet ; elle peut émettre des propositions et même user d'un droit de veto si le produit en cours de conception présente des caractéristiques jugées par elle inacceptables pour garantir ultérieurement les rendements, assurer les essais et les contrôles nécessaires et atteindre le niveau de la Qualité fixé.

   A l'autre extrémité du cycle, lorsque le produit est opérationnel en clientèle, la production demeure responsable de la Qualité ; elle s'attache notamment à analyser les performances Qualité en secteur, à identifier les causes de défaillances afin de réagir sur le procédé de fabrication pour améliorer sans relâche la Qualité et éviter tout état de crise.

   La Qualité résulte ainsi de la mobilisation permanente de toutes les fonctions pendant la vie du produit ou du service considéré. Finalement, la fin du cycle du produit correspond à l'identification de nouveaux besoins du client. Un nouveau cycle redémarre selon la spirale bien connue de Juran (schéma n° 3). Les acquis du cycle précédent permettront de concevoir un produit de plus hautes performances et d'un niveau de Qualité plus élevé.

REMARQUE : le cycle du produit (ou spirale de Juran) n'implique pas un ordre de priorité dans les différentes fonctions pour le démarrage d'un programme Qualité. Toutes les fonctions sont simultanément concernées et doivent mettre en oeuvre leurs actions d'amélioration en parallèle.

Schéma n° 2

LE COÛT ET LA QUALITÉ :

| AVANT | ⇒ | MAINTENANT |

Concept : Contrôle de la Qualité   Concept : Gestion Totale de la Qualité.

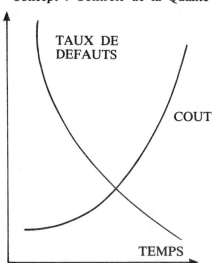

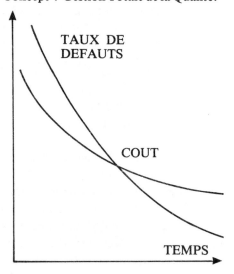

Améliorer la Qualité c'est :
éliminer les défauts
après la production, donc
augmenter les dépenses de tri
et réduire le nombre de pièces
livrées.
La Qualité coûte cher.

Améliorer la Qualité c'est :
prendre des actions préventives
le plus en amont possible dans
le processus pour éviter que
les défauts ne surviennent.
Plus tôt on élimine les causes
de défaut dans le procédé,
plus les rendements augmentent.

« Non seulement la Qualité est gratuite mais c'est une des meilleures sources de profit que nous ayons. » H. GENEEN.
Cité dans « Quality is free » de Ph. CROSBY

Schéma n° 3

LE CYCLE DU PRODUIT (d'après Juran) :

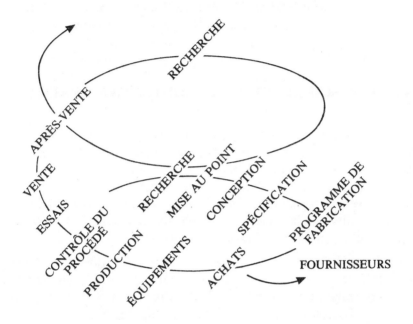

2 - 3 - 3 — *Conclusion*

Nous venons de décrire l'évolution du concept qualité du stade initial de contrôle au stade le plus évolué de Gestion Totale de la Qualité (schéma n° 4). Les chapitres qui suivent ont pour objet de détailler la Gestion Totale de la Qualité.

Rappelons que G.T.Q. a, dans notre esprit, la même signification que T.Q.C.

Selon l'importance et la nature de l'entreprise, l'application de ce concept général peut revêtir des formes ou des adaptations différentes. Mais il est important de retenir, au terme de cette introduction, que dans tous les cas les idées directrices demeurent.

Nous les résumerons en citant FEIGENBAUM, un maître à penser en matière de Qualité :

« Le T.Q.C. est un système efficace conçu pour que chacun des groupes, composant un organisme, apporte sa contribution au développement, au maintien et à l'amélioration de la Qualité.

Son but est de produire un objet ou un service de la façon la plus économique, en vue de satisfaire totalement les consommateurs. »

A.V. FEIGENBAUM Président Général Systems Compagny,
Pittsfield – Massachusetts – U.S.A.

2 - 4 — LES RÉSULTANTES DU MOUVEMENT QUALITÉ

Le changement que nous venons d'évoquer (changement dans les attitudes, dans les relations, dans les modes opératoires, dans les organisations, dans les concepts) génère une dynamique.

On peut donc parler d'un mouvement Qualité.

Ce mouvement Qualité qui nous conduit en un demi-siècle du "Contrôle de Qualité" à la "Gestion Totale de la Qualité" s'accompagne de deux composantes fondamentales (tableau n° 4)

— l'une, ÉCONOMIQUE, résulte de la libération des potentialités, de la mobilisation de l'intelligence et de la créativité de tous les collaborateurs autour d'un grand projet de l'entreprise.

La compétitivité s'améliore par une meilleure image de marque, une productivité accrue, une réduction des coûts de non-Qualité.

— l'autre, HUMAINE, résulte de la participation, des possibilités d'expression et d'initiative qui s'ouvrent à tous les membres de l'entreprise.

La compétitivité s'améliore par de meilleures relations humaines, des communications plus efficaces, des énergies mieux canalisées vers les objectifs fondamentaux de l'entreprise.

Sachons garder présent à l'esprit que les problèmes de compétitivité ne sont pas limités à des questions de coûts ou prix de revient mais qu'ils relèvent également de la réputation des entreprises, de leur aptitude à satisfaire les besoins de leurs clients.

La GESTION TOTALE DE LA QUALITÉ devient ainsi un véritable défi que toute entreprise, quelle que soit sa taille ou sa spécificité, doit relever pour assurer sa pérennité.

REMARQUE : A ce stade, on peut se demander ce qu'il adviendra de la fonction « Assurance de la Qualité » au terme de l'évolution. Il est clair que, du fait de l'implication de tous dans la Qualité, une réduction de ses effectifs puisse être envisagée. Mais cette fonction est appelée à conserver un rôle éminemment important dans le futur ; elle constituera le centre de compétence regroupant les spécialistes chevronnés de disciplines à la fois rares et variées qui ne peuvent être disséminées à travers l'entreprise (statistiques de pointe, modèles de fiabilité, analyses physico-chimiques complexes, essais accélérés et d'environnement, audits Qualité, simulation de l'injection et de la propagation de défauts dans des processus complexes, etc.).

Tableau n° 4

ÉVOLUTION DU CONCEPT QUALITÉ

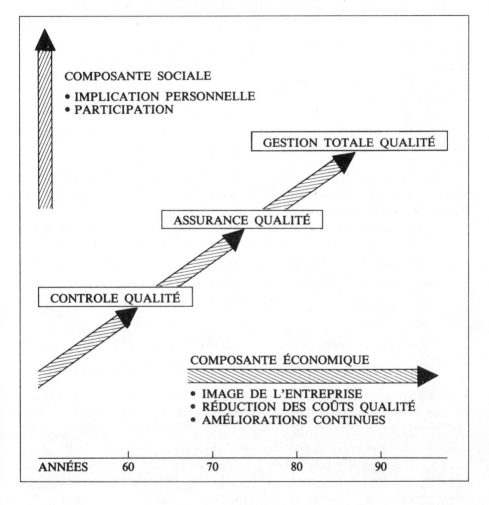

En revanche, on peut se demander — et la question demeure aujourd'hui sans réponse — si la Gestion Totale de la Qualité s'implantant dans l'ensemble des structures de l'entreprise, il ne serait pas rationnel à l'instar de l'organisation Assurance Qualité consacrée aux produits de créer une organisation jouant le même rôle vis-à-vis des activités ''non-produit'', c'est-à-dire, sommairement, toutes les fonctions de type administratif (personnel, finance, informatique, contrôle de production, approvisionnement, sécurité, plans, travaux et installations, etc.)

Nous savons d'ores et déjà que ces fonctions génèrent des dépenses de non-Qualité qui sont du même ordre de grandeur que celles occasionnées par des fonctions directement liées au produit.

Par ailleurs, l'impact sur l'image de marque de l'entreprise dû à cette non-Qualité est au moins aussi considérable. Il n'est que de constater l'insatisfaction des clients en présence de factures erronées ou bien leur déception face à un appareil téléphonique incapable de les mettre en communication avec l'interlocuteur recherché !

Alors pourquoi pas une Assurance Qualité Administration ?

Nous pensons, dans l'état actuel des choses, que l'effectif d'une fonction Assurance Qualité Produits est proportionnel au nombre d'indicateurs à suivre et à garder sous contrôle. Ceux-ci sont encore beaucoup plus nombreux dans les services techniques que dans les services administratifs ou de support.

Par ailleurs, beaucoup de produits administratifs, résultats de processus administratifs, restent internes à l'entreprise par opposition aux produits issus de processus de fabrication dont la majorité quitte d'une façon ou d'une autre l'entreprise.

Sans préjuger de l'avenir sur ce point, nous allons développer maintenant les concepts de base de la Qualité qui permettent d'étendre à toutes les fonctions de l'entreprise une partie de l'expérience accumulée depuis le début du siècle dans les services de production.

CHAPITRE 1

LE PROGRAMME QUALITÉ
DE L'ENTREPRISE.
ASPECT CONCEPTUEL

---

1 — GÉNÉRALITES

1 - 1 — Choix terminologique
1 - 2 — Caractéristiques du programme
1 - 3 — Finalité du programme
1 - 4 — Composition du programme

2 — LA POLITIQUE QUALITÉ DE L'ENTREPRISE

2 - 1 — Elaboration et mise en place
2 - 2 — Exemple d'une politique Qualité
2 - 3 — Pénétration de la politique Qualité

3 — LES CONCEPTS DE BASE DE L'APPROCHE GLOBALE QUALITÉ

3 - 1 — Concepts
    3 - 1 - 1 — Définition de la qualité
    3 - 1 - 2 — Le zéro-défaut
    3 - 1 - 3 — La prévention
    3 - 1 - 4 — La mesure de la Qualité
3 - 2 — La cohérence du système

4 — LES PRINCIPES DE LA GESTION DE LA QUALITE

4 - 1 — Premier principe : L'engagement du management
4 - 2 — Deuxième principe : L'adhésion de tout le personnel
4 - 3 — Troisième principe : L'amélioration rationnelle de la qualité
4 - 4 — Conclusion

1 — GÉNÉRALITÉS

1 - 1 — CHOIX TERMINOLOGIQUE

Le choix de "Programme Excellence" plutôt que "Programme Qualité" sera dans certains cas très souhaitable. En particulier, dans les usines et laboratoires où existe de longue date une organisation Qualité (Contrôle de la Qualité ou Assurance de la Qualité).

Dans ces établissements, "Qualité" a une forte connotation "Produit" ; "Qualité" évoque inconsciemment "Qualité des produits" (et non Qualité des services), ou alors "Qualité" sous-entend "contrôle Qualité", et dans ce cas on considère que seule cette fonction est concernée.

La dénomination Programme Excellence évite donc ces erreurs d'interprétation ; par ailleurs, elle traduit mieux la volonté de changement qui caractérise le programme tout en exprimant bien l'idée de gestion totale de la Qualité (la recherche de la satisfaction totale des besoins conduit à viser, sinon à atteindre, la perfection, l'excellence).

Dans les fonctions administratives, commerciales, financières, etc. toutes fonctions jusqu'alors étrangères au concept de qualité, on préférera le vocable Qualité.

1 - 2 — CARACTÉRISTIQUES DU PROGRAMME QUALITÉ

Le but principal de cet ouvrage est de décrire, à partir d'expériences vécues, le contenu et la mise en oeuvre pratique de ce programme. Nous nous contenterons ici d'attirer l'attention sur quelques aspects essentiels.

1 - 2 - 1

Il s'agit d'un programme à long terme qui doit conduire l'entreprise jusqu'à l'intégration complète de la Qualité dans toutes ses opérations.

Le chemin est long, la progression lente. Car ce programme ne se

limite pas à enseigner et mettre en pratique des méthodes et des outils ;
il s'adresse aux comportements, aux relations humaines ; il vise un changement d'attitude de tous les membres de l'entreprise qui construisent
ensemble la Qualité des produits et des services.

Il est réaliste de tabler sur une décennie pour atteindre progressivement le stade ultime où la Qualité soit partie intégrante du mode de
travail et du comportement de tous dans la vie de tous les jours.

Toutefois, dans les petites entreprises où chacun se connaît, où appa-
remment le consensus est plus facile à réaliser, où les processus sont
moins complexes et où l'intégration verticale des produits au sein du
même établissement permet des progrès Qualité plus faciles, l'évolution
peut être plus rapide. Cela dans la mesure seulement ou le chef d'entreprise a pris conscience de l'enjeu qualité.

1 - 2 - 2

Il s'agit d'un programme sans voie de retour. Cela veut dire qu'une
fois lancé, ce programme doit aller jusqu'à son but. Il serait en effet
désastreux pour le personnel d'annoncer son abandon ou de faire marche
arrière ; la crédibilité de la hiérarchie serait gravement atteinte. Et il
serait d'autant plus difficile de relancer un nouveau programme
ultérieurement.

1 - 2 - 3

Il s'agit d'un programme destiné à provoquer un changement en profondeur et non pas simplement une motivation. Changement des attitudes et des comportements, nous venons de le voir, c'est-à-dire changement dans la manière d'être et dans la manière de faire.

L'adhésion massive du personnel aux objectifs de l'entreprise, le
management des processus, les nouvelles approches de mesure de la Qualité, la Qualité intégrée dans les plans, les relations Client-Fournisseur
nouvelles, les styles de management et les modes relationnels différents,
voilà quelques aspects qui attestent que le programme se traduira, à
terme, par des modifications durables du mode de fonctionnement de
l'entreprise.

1 - 2 - 4

Il s'agit d'un programme qui touche tous les membres de l'entreprise sans exception ; du P.D.G. jusqu'à l'opérateur de plus faible échelon. Parmi les objectifs principaux du programme figure donc celui de

faire adhérer l'ensemble du personnel à la nouvelle approche de la Qualité en lui fournissant un cadre, des méthodes et des moyens.

S'ouvrant à tous, le programme suppose une collaboration étroite de tous, du haut en bas de la hiérarchie et latéralement, chacun apportant sa contribution dans son domaine propre et selon les axes directeurs définis.

CARACTÉRISTIQUES DU PROGRAMME QUALITÉ/EXCELLENCE

- Développement d'un état d'esprit
- Orienté vers la prévention des erreurs et des défauts
- S'exerçant en profondeur
- Et à long terme
- Dans tous les domaines
- Et pour chaque collaborateur

CONTENU DU PROGRAMME QUALITE/EXCELLENCE

- Engagement de la ligne de Management
  Politique — Projets d'Amélioration
- Mise en place d'une structure
  Comités — Coordonnateurs
- Prise de conscience - Éducation massive
  Enjeux — Concepts — Outils
- Plans d'Amélioration continue de la Qualité
  Mesures — Indicateurs — Projets
- Adhésion de tout le Personnel
  — Groupes d'Amélioration de la Qualité
  — Cercles de Qualité
  — Relation Client-Fournisseur (D.A.A.)
  — Objectifs personnels
  — Autocontrôle
- Coût d'obtention de la Qualité (C.O.Q.)
  — Évaluation (Produit ; Non-produit ; Intégrée)
  — Identification des opportunités d'amélioration
- Reconnaissance des mérites
  — Approches adaptées

1 - 3 — FINALITÉ DU PROGRAMME QUALITÉ

Elle est, sans conteste, d'assurer la compétitivité de l'entreprise.

Le programme constitue pour les dirigeants le moyen de progresser sans retard vers le G.T.Q. (schéma n° 4). A la fois modulaire et séquentiel, il est adaptable à toute entité fonctionnelle quelles que soient ses caractéristiques.

Ce programme ne se substitue en rien à l'organisation en place — en particulier il ne modifie aucune des missions de la fonction Assurance Qualité. Il est d'ailleurs appelé à disparaître à terme lorsque la mutation sera effective.

1 - 4 — COMPOSITION DU PROGRAMME QUALITÉ

Le programme s'articule autour de 4 composantes principales :

1. Une politique Qualité énoncée par le plus haut responsable de l'entreprise et s'adressant à l'ensemble du Personnel.
2. Quatre concepts fondamentaux, synthétisant les axes directeurs du mouvement Qualité et sur lesquels repose la politique Qualité.
3. Trois principes de gestion pour la mise en pratique de la politique Qualité.
4. Un plan d'action détaillé pour guider concrètement et de façon cohérente tous les managers de l'entreprise dans la mise en place de ce programme.

L'ensemble des points précédents peut être explicité dans une stratégie Qualité globale de l'entreprise incluant en outre les objectifs Qualité pour un horizon fixé.

LE PROGRAMME QUALITÉ	LES 4 CONCEPTS DE BASE
. Une Politique Qualité . Quatre Concepts de base . Trois Principes de Gestion . Un Plan d'Action	. La Définition de la qualité . Le Zéro-Défaut . La Prévention . La Mesure de non conformité

LES 3 PRINCIPES DE GESTION DE LA QUALITÉ
. Engagement du Management . Adhésion de tout le Personnel . Amélioration rationnelle de la Qualité

2 — LA POLITIQUE QUALITE DE L'ENTREPRISE

Le mouvement Qualité (Gestion Totale Qualité) tel que nous l'avons esquissé, représente une dimension stratégique de l'entreprise. Les enjeux en sont :

- la compétitivité, puisqu'il libère des forces productives autrement utilisées et exploite des gisements internes de profitabilité ;
- l'amélioration des relations humaines au sein de l'entreprise, puisqu'il implique, pour tous, des modes de participation et d'expression nouveaux ;
- une évolution culturelle en développant la formation, la créativité à tous les niveaux et en instaurant des modes de responsabilité nouveaux (autocontrôle, etc.).

De tels enjeux sont de nature à retenir l'attention des dirigeants. Leur réflexion doit les conduire en tout premier lieu à élaborer la politique Qualité de l'entreprise ; politique qui explicite la manière dont les affaires doivent être conduites en matière de Qualité.

2 - 1 — ÉLABORATION ET MISE EN PLACE DE LA POLITIQUE QUALITÉ

Il s'agit de décider de l'orientation nouvelle de l'entreprise et de la manière dont le changement va être conduit.

- La politique Qualité est énoncée par le Chef d'entreprise lui-même. C'est la façon la plus efficace d'assurer sa crédibilité et de la voir suivie d'effet.
- La volonté très ferme du Chef d'entreprise doit se manifester clairement, sans ambiguïté ; chacun doit comprendre le caractère irréversible du mouvement.
- La formulation de l'annonce est courte, précise et claire. L'appel qui est lancé à chacun doit être entendu et bien compris.
- L'annonce est faite simultanément à tous les managers. Une lettre d'accompagnement nominative peut préciser les raisons, les

enjeux, les attentes, mais surtout l'invitation expresse faite à chacun de s'engager dans la voie tracée.

Dans une seconde étape les Managers transmettent le message à leur Personnel ; ils expliquent le sens du changement et l'implication de chacun dans ce changement.

- La politique Qualité pour se matérialiser dans les faits doit être accompagnée d'un plan ou stratégie Qualité, préparé par la direction de la Qualité, qui exprime les modalités de la mise en place de la Politique, de l'action qui va être menée pour assurer la progression.
- La mise en place de la politique doit être autant que possible étayée, fortifiée par la parution d'instructions nouvelles au niveau de l'entreprise. Ces instructions doivent avoir caractère de directives fonctionnelles. Elles sont de nature à faire progresser la Qualité de façon décisive. A titre d'exemple, une instruction formelle peut décréter que tout nouveau produit ne peut être mis sur le marché que s'il possède des performances Qualité au moins égales à celles du produit qu'il remplace.

  Un tel objectif, qui est une contrainte au départ, est de nature à motiver des fonctions entières. Les instructions émises au sommet se traduisent au niveau opérationnel en décrets d'application, en notes ou manuels règlementaires, normes, procédures...
- La politique Qualité doit s'intégrer dans la gestion de l'entreprise. En particulier les stratégies de fonction (Conception, Production, Achats, Informatique, etc.) doivent comporter désormais des objectifs Qualité, des indicateurs de mesure ; elles doivent inclure des démarches orientées vers la prévention, la réduction des coûts de défaillance, etc.
- En aucun cas la politique Qualité ne peut apparaître comme une contrainte ou une entrave à la réalisation des objectifs fondamentaux de l'entreprise. Bien au contraire, elle doit être conçue pour contribuer à leur succès.
- Le mouvement Qualité doit se développer au sein de l'organisation suivant un axe « top-down », du sommet vers la base. Il se propage ainsi échelon par échelon tout le long de l'échelle hiérarchique.

  Le succès du démarrage n'est assuré que si chaque niveau de management, tour à tour, a compris les enjeux, est décidé à participer et donne l'exemple dans son domaine d'influence.

  Soyons réalistes, tout manager ne consentira à s'engager personnellement que dans la mesure où il aura la preuve qu'à « l'étage au-dessus, on y croit et on fonctionne ».

• Toutes les forces vives engagées dans le mouvement Qualité, canalisées et dynamisées, doivent apporter leur concours à la réalisation des objectifs stratégiques de l'entreprise.

Prenons quelques exemples possibles de ces objectifs généraux :

— Avoir le meilleur produit sur le marché.
— Assurer une croissance donnée.
— Produire au plus faible coût.
— Se créer une image de marque.
— Gagner la confiance des clients.
— Garder la fidélité des clients.
— Etc.

Il apparaît qu'une politique Qualité bien conçue et bien menée peut devenir l'artisan majeur de la réussite, puisque Gestion Totale Qualité signifie à la fois :

— Zéro-défaut sur les produits livrés.
— Amélioration relations Client-Fournisseur.
— Gains de productivité en fabrication,
  de créativité en conception.
— Réduction des coûts de non-Qualité.
— Amélioration des services.
— Etc.

2 - 2 — EXEMPLES D'UNE POLITIQUE QUALITÉ

A titre d'exemple uniquement, nous faisons figurer sur le tableau n° 5 la politique Qualité énoncée dans une grande entreprise.

Cette politique pourrait tout aussi bien s'appliquer à une petite ou moyenne entreprise. Il apparaît que le texte en est concis, clair et simple.

Mais il ne faut pas s'y méprendre, en dépit de sa simplicité ce document contient toute la philosophie.

1. On est bien dans le contexte de la Gestion Qualité intégrée : on considère, au même titre de la qualité, les coûts, les délais, les performances, comme étant des besoins exprimés.
2. Toutes les fonctions de l'entreprise contribuent à la construction de la Qualité. On considère aussi bien les produits que les services.
3. L'objectif ultime Qualité (la norme) est le zéro-défaut.
4. On recherche la satisfaction totale du besoin réel du Client (qui précède la demande ou le besoin exprimé).
5. La Relation Client-Fournisseur s'applique non seulement entre l'entreprise et ses clients mais également au sein de l'entreprise entre toutes les entités fonctionnelles, entre tous les collaborateurs.

Tableau n° 5

POLITIQUE QUALITÉ

Nous avons décidé d'entreprendre une action, en profondeur et à long terme pour améliorer le niveau de Qualité de nos produits et de nos services.

Il est important que nous ayons, à ce sujet, une politique simple et concise. Vous trouverez, ci-dessous, l'expression de notre politique et de sa mise en place.

POLITIQUE

> Notre objectif est de livrer à nos clients internes et externes, des produits et services sans défaut, en temps voulu, à un prix compétitif.

MISE EN PLACE

La mise en place de cette politique implique, pour chaque fonction, l'exigence que tout travail soit fait en conformité avec la demande ou bien nécessite que la demande soit formellement modifiée pour satisfaire les besoins réels de ses clients.

RESPONSABILITÉS

Tous les managers de l'Entreprise.
Un comité Qualité composé des membres du Comité Exécutif et de la Direction Qualité, est chargé d'assurer le succès de notre action.

POLITIQUE QUALITÉ

SES CARACTÉRISTIQUES
• Annonce par le chef d'entreprise • Engagement de la Direction irréversible • Appel à tous les managers • Implication de tout le personnel • Formulation claire et précise

SON CONTENU
• Gestion intégrée de la Qualité (ou Gestion Totale Qualité) — Qualité (au sens strict) — Coûts — Délais — Performances • Satisfaction du besoin des Clients • Contribution de toutes les fonctions • Relation Client-Fournisseur généralisée à toute l'entreprise. • Norme Qualité : Zéro-Défaut

SES OBJECTIFS
• Annoncer le changement Introduire le programme Qualité. • Servir la réalisation des objectifs stratégiques de l'entreprise. • Générer des instructions et des objectifs Qualité généraux. • Intégrer la Qualité dans les stratégies et plans en vigueur.

2 - 3 — PÉNÉTRATION DE LA POLITIQUE QUALITÉ

L'annonce de la politique Qualité correspond, en principe, au coup d'envoi du programme Qualité. Coup d'envoi qui doit se faire officiellement, avec une certaine solennité, au cours d'une réunion regroupant tous les managers.

La hiérarchie tout entière s'engage à faire pénétrer la politique Qualité et à la mettre en pratique à partir du plan d'action ou de la stratégie Qualité.

La préoccupation permanente de tout manager est alors de faire adhérer son personnel, de le faire participer à des actions d'amélioration. Il lui faut également savoir mesurer le niveau de maturité et de participation de ses collaborateurs.

Quels sont les obstacles, les barrages à la propagation ? Où se trouvent les points de résistance au changement ? Quelles en sont les raisons ?

Les chapitres qui suivent sont destinés à répondre à ces questions.

3 — LES CONCEPTS DE BASE DE L'APPROCHE GLOBALE QUALITÉ

3 - 1 — LES CONCEPTS

3 - 1 - 1 — *Définition de la qualité*

L'objet de la définition de la qualité est d'avoir une valeur partagée au niveau de l'entreprise.

Chaque employé de l'entreprise, à quelque niveau qu'il soit, doit avoir de la qualité la même définition, le but étant d'atteindre une compréhension du concept aussi partagée que possible.

Nous proposons la définition suivante :

« *La qualité est la conformité des produits ou services aux besoins exprimés par les clients internes ou externes, et sur lesquels les fournisseurs internes ou externes se sont engagés.* »

En fait, la qualité est le résultat de 3 processus itératifs d'adéquation.

Le Processus n° 1 (schéma n° 6) consiste à assurer l'adéquation du produit fabriqué ou du service rendu à la spécification ou à la procédure établie par le fournisseur (espace fournisseur).

Schéma n° 6

ESPACE FOURNISSEUR *PRODUIT/SERVICE* ⇕ *SPÉCIFICATION/PROCÉDURE* *processus n° 1 : adéquation produit/spécification*

Le laboratoire de développement ou le bureau d'études définit le produit ; l'atelier de production a pour mission de le réaliser en conformité avec la spécification.

De même le service des méthodes administratives définit le service à fournir par une procédure ; l'agent administratif a pour mission d'exécuter en conformité avec la procédure.

Le premier niveau de la qualité consiste donc à minimiser les non-conformités par rapport à un jeu de documents établis par le fournisseur même (bureau d'études, service méthodes etc.).

Le Processus n° 2 (schéma n° 7) consiste à assurer l'adéquation de la spécification ou de la procédure au besoin exprimé par le client.

Schéma n° 7

SPÉCIFICATION PROCÉDURE ⟨══════════⟩ BESOIN EXPRIMÉ/ DEMANDE
ESPACE RELATIONNEL
processus n° 2 : *adéquation spécification/demande*

Ce processus a pour but de créer des spécifications et/ou procédures pour répondre à un besoin exprimé qui peut être un cahier des charges ou, de façon plus indirecte, le résultat d'une étude de marché.

C'est par une relation client-fournisseur directe ou indirecte (via Marketing) que les non-conformités sont réduites.

On comprendra aisément que chaque constructeur d'automobiles définira lui-même son produit pour répondre à un segment du marché qui peut être la "berline" de milieu de gamme, traction avant, 7 à 9 CV fiscaux, etc.

Le Processus n° 3 (schéma n° 8) consiste à assurer l'adéquation entre le besoin exprimé (ou la demande) et le besoin ressenti (ou besoin réel).

Schéma n° 8

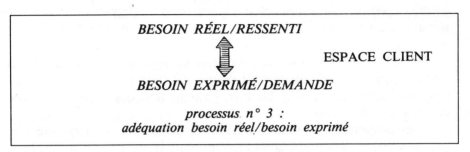

BESOIN RÉEL/RESSENTI

ESPACE CLIENT

BESOIN EXPRIMÉ/DEMANDE

processus n° 3 :
adéquation besoin réel/besoin exprimé

Par exemple, une berline 7 à 9 CV fiscaux n'est pas la bonne expression d'un besoin, lorsque celui-ci consiste à tracter une caravane de deux tonnes par des routes montagneuses.

Le schéma n° 9 représente la synthèse de ces 3 processus qui permettent d'atteindre la qualité telle que définie précédemment.

Schéma n° 9

LA CONFORMITÉ AUX BESOINS

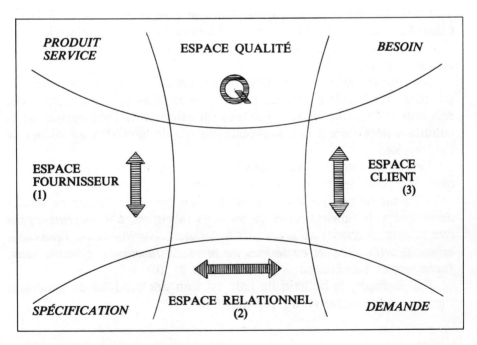

PRODUIT SERVICE   ESPACE QUALITÉ   BESOIN

ESPACE FOURNISSEUR (1)   ESPACE CLIENT (3)

SPÉCIFICATION   ESPACE RELATIONNEL (2)   DEMANDE

(1) - processus N° 1
(2) - processus N° 2
(3) - processus N° 3

Le fournisseur qui n'aura optimisé que les processus 1 et 2 fera sa première vente, mais aura une chance non négligeable de rater les suivantes dans la mesure où il peut ne pas avoir satisfait le besoin réel du client.

On peut donc dire que des enquêtes de satisfaction clients permettent de juger de l'adéquation du besoin exprimé au besoin réel et que l'objectif ultime de qualité est bien l'adéquation des produits et services aux besoins réels.

Il est important de remarquer que la définition de la qualité n'est pas totalement dépourvue d'ambiguïté, dans la mesure où le besoin est essentiellement ressenti avant d'être plus ou moins parfaitement exprimé. La nouvelle approche qualité s'attache à minimiser ces ambiguïtés :

— A l'intérieur de l'entreprise, les objectifs particuliers s'inscrivent en principe de façon cohérente dans les objectifs généraux et des moyens d'arbitrage hiérarchiques existent.

— A l'extérieur de l'entreprise, c'est-à-dire dans le cas de fournisseurs externes ou de clients externes, la compétition d'une part, les études de satisfaction d'autre part permettront de réduire les ambiguïtés.

Cette définition de la qualité souligne l'importance de la Relation Client-Fournisseur (R.C.F.), certes évidente dans l'acte commercial classique, mais pratiquement moins développée dans les relations internes de l'entreprise.

Rappelons enfin qu'une définition générale de la qualité, comprise par tous, applicable à tous les produits et services correspondant à des relations clients-fournisseurs internes ou externes de l'entreprise, est la condition nécessaire à une approche globale de la qualité au niveau de l'entreprise.

Ceci nous conduit à une nouvelle représentation de l'entreprise, calquée sur celle de la production, à savoir :

« De même qu'une unité de production peut être décrite en termes de procédés de fabrication et de produits fabriqués, *une entreprise peut être décrite en termes de processus techniques, commerciaux, financiers, administratifs, etc., et en termes de produits fabriqués, commerciaux, financiers et administratifs* (voir tableau n° 10). »

Par exemple, le bulletin de paie est l'un des produits du processus "gestion administrative du personnel".

Tableau n° 10

Type	Processus	Produits
• Production	• Usinage, assemblage	• Pièces
• Développement	• Conception assistée par ordinateur	• Nouveaux produits
• Commercial	• Prise de commande	• Commande
• Administration	• Facturation	• Facture
• Financier	• Comptabilité	• Avoirs
• Personnel	• Administration du personnel Recrutement	• Bulletin de salaire
		• Contrat d'embauche
etc.	etc.	etc.

3 - 1 - 2 — *Le zéro-défaut*

Cette expression porte en elle-même une connotation d'utopie et, pourtant, nous allons voir l'extrême richesse de ce concept qui est, avant tout, un moyen de motivation pour l'action.

• Le choix d'une unité de mesure

Les Japonais ont introduit l'usage de l'unité PPM (parties par million), pour caractériser la qualité et la fiabilité des composants électroniques alors que l'Occident, traditionnellement, utilisait les pourcentages. Au scepticisme initial des Occidentaux face à ce qu'ils pensaient être un "gadget" publicitaire, ont fait place des réflexions pour comprendre.

Pour notre part, nous proposons la suivante :
Notre première approche du monde quantitatif est basée sur le fait de compter sur nos dix doigts, si bien que notre subconscient a enregistré deux images :

1. Tout ce qui est supérieur à 10 est grand.
2. Tout ce qui est inférieur à 1 est petit.

donc 1 000 est grand et 0,1 est petit
donc 1 000 PPM est "grand" et 0,1 % est "petit"

or   1 000 PPM =   0,1 %

Lorsque le phénomène décrit est indésirable (un taux de défauts), ces deux images induisent deux comportements opposés, à savoir :

1 000 est grand. Si ce nombre représente un phénomène indésirable, il faut faire quelque chose pour réduire à 500, puis à 200, puis à 100, etc. d'où un comportement d'action :
Il y a certainement quelque chose à faire et on va le faire.

0,1 est petit. Si ce nombre représente un phénomène indésirable, on l'interprète comme un bruit de fond, un droit à l'erreur. On dit qu'il ne faut pas couper les cheveux en quatre, d'où un comportement d'inaction :
Il y a certainement d'autres choses plus importantes à faire.

La conclusion pratique qui s'impose au bon sens (mais qui est malheureusement loin d'être appliquée actuellement) est de choisir pour chaque événement indésirable (un taux de défaut) une unité de mesure qui permette la mesure de cet événement par un nombre supérieur à 10.

D'où cette première définition du zéro-défaut comme étant « l'amélioration continue de tous les processus de l'entreprise » ou « la recherche continue de l'excellence dans toutes les actions ».

D'où un seul objectif qualité : *le sans faute.*

Le zéro-défaut est donc, avant tout, une démarche avec des objectifs intermédiaires, qui sont rendus plus exigeants chaque fois qu'un processus est devenu capable d'atteindre un certain niveau de qualité.

• Le zéro-défaut existe

Partons de l'existence de défauts et recherchons-en les causes.
Il y a deux façons de créer un défaut involontairement :
. soit par manque de soin, d'attention,
. soit par manque de connaissance.

Par exemple, une fabrication semi-conducteurs de circuits intégrés a rarement un rendement égal à 100 %.

Beaucoup plus fréquent est un rendement de l'ordre de 20, 50 ou 70 %.

C'est, pour une grande part, dû au manque de connaissance, dans la mesure où on travaille toujours au niveau d'intégration le plus élevé permettant d'avoir un rendement non nul. Dans ce type de production on planifiera un rendement ultime, considérant l'imperfection des équipements et des techniques et on se donnera, d'année en année, des objectifs intermédiaires. On pourra également, en fonction des progrès dans les équipements et procédés, revoir à la hausse périodiquement les rendements ultimes.

En fait, un produit devient généralement obsolescent et disparaît avant qu'on ait atteint un rendement de 100 %.

Par contre, il y a des actions que nous réalisons quotidiennement sans défaut : par exemple, rentrer à la maison le soir sans nous tromper de rue, de numéro ; conduire une automobile sans causer d'accident ; marcher dans la rue sans heurter les passants.

Contrairement à des idées préconçues, le zéro-défaut exige rarement de l'effort, mais généralement un apprentissage.

- Le zéro défaut conduit de façon inéluctable au management des processus.

La recherche du zéro défaut conduit tôt ou tard à l'abandon des méthodes statistiques classiques basées sur l'échantillonnage, car lorsque l'événement "défaut" devient suffisamment rare, le prélèvement devient trop grand pour garantir avec un bon niveau de confiance un niveau de qualité.

Fabriquer des pièces par commandes de 10 000 pièces avec un taux de défaut de 100 PPM, c'est tolérer 1 défectueux par commande. Un échantillonnage de 8 000 pièces est le seuil d'échantillonnage à partir duquel on peut commencer à porter un jugement (tableau n° 11).

Tableau n° 11

Taille du lot (ou effectif)	niveau de con- fiance qualité	Tailles d'échantillonnage pour garantir un taux de défauts de :			
		10 %	1 %	1 000 ppm	100 ppm
100 000 pièces	90 %	25	250	2 500	20 000
10 000	«	25	250	2 000	8 000
1 000	«	25	200	800	980
100	«	20	80	98	100
10	«	9	10	10	10

Pour garantir de tels niveaux de qualité de produits finis, on est conduit à contrôler la qualité de tous les processus élémentaires permettant de réaliser le produit. La qualité de ces processus élémentaires sera contrôlée efficacement en effectuant non pas des prélèvements importants de loin en loin mais des prélèvements modestes et fréquents et en analysant les tendances des principaux paramètres physiques : c'est l'application des cartes de contrôle aux paramètres clés de chaque processus élémentaire (voir chapitre statistiques).

Également on fera appel à toutes les techniques disponibles pour la détection d'événements rares (anomalies de distribution, corrélation de paramètres, etc.). On fera appel en particulier pour l'analyse des problèmes aux méthodes statistiques avancées (régression multiple, analyse de la variance, analyse multidimensionnelle etc.).

On s'efforcera de mémoriser les anomalies rares de procédé dans des fichiers informatiques pour les exploiter en temps opportun.

Par exemple dans le cas du lancement de satellites par fusées, le nombre de lancements est trop faible pour qu'une analyse statistique sur le produit fini (ici le lancement) permette de contrôler le produit. Ce sont donc tous les processus d'assemblage, de fonctionnement de sous-ensembles, de dispositifs de sécurité et verrouillage qui doivent être placés sous contrôle, si on veut que le produit fini soit sans défaut.

● Le zéro-défaut n'élimine pas le droit à l'erreur, il crée le devoir de rechercher les causes d'erreurs.

Nous faisons tous quotidiennement des erreurs, souvent par manque d'attention, comme par exemple de refaire un appel téléphonique parce que nous avons composé un ou plusieurs chiffres faux.

Dans l'entreprise taylorienne, l'organisation précédant l'exécution et les procédures étant supposées bien conçues et parfaites, l'erreur est en priorité attribuée à l'exécutant et la méthode utilisée pour améliorer la qualité est la sanction de l'exécutant.

Cette méthode s'est trouvée souvent mise en échec parce qu'en amont de l'action de l'exécutant, cause apparente de l'erreur, peut apparaître une procédure incomplète, inadéquate ou inapplicable.

C'est ce qui explique l'approche japonaise des « Pourquoi » successifs, qui remonte le plus en amont possible dans les processus en recherchant les causes des causes, les causes des causes des causes, etc.

Exemple 1 : L'opérateur d'atelier a créé un défaut.

1. Pourquoi l'opérateur d'atelier a-t-il créé un défaut ? Parce qu'il n'a pas appliqué correctement la procédure.
2. Pourquoi n'a-t-il pas appliqué correctement la procédure ? Parce que la procédure n'était pas disponible.
3. Pourquoi la procédure n'était-elle pas disponible ? Parce qu'elle était rangée dans le bureau fermé à clef de l'agent de maîtrise qui s'était absenté.
4. Pourquoi la procédure n'était-elle pas près du poste de travail ? Parce que, dans un souci d'économie, le bureau d'études avait jugé qu'on pouvait regrouper toutes les procédures d'atelier dans une seule chemise sous la garde du chef d'atelier. Etc.

Exemple 2 : Le client X ne paie pas la facture Y

1. Pourquoi le client X ne paie-t-il pas la facture Y ? Parce que la facture Y ne correspond pas au prix annoncé.
2. Pourquoi la facture Y ne correspond-elle pas au prix annoncé ? Parce que le service facturation s'est trompé de prix.
3. Pourquoi le service facturation s'est-il trompé de prix ? Parce que la nomenclature des prix comportait une erreur.
4. Pourquoi la nomenclature comportait-elle une erreur ? Parce que le service chargé de l'édition de la nouvelle nomenclature de prix avait fait une erreur typographique, etc.

Cette méthode de recherche de causes s'est révélée très efficace dans beaucoup d'entreprises en permettant d'identifier un grand nombre de causes de dysfonctionnements de l'entreprise et par voie de conséquence, de nombreuses voies de progrès.

3 - 1 - 3 — *La Prévention*

La prévention qui est un concept simple, est une méthode pour l'efficacité.

C'est une méthode de travail qui consiste à éviter les erreurs, la création de défauts ou de défaillances. On peut traduire ce concept par l'expression « faire bien du premier coup » (cf. prévention prospective). Mais on peut aussi dire « faire bien dès le second coup » dans le cas où seule l'expérience réelle permet de détecter les types de défaillances (cf. prévention active). C'est pourquoi il est important d'approfondir ce concept beaucoup plus riche à l'analyse qu'on ne pourrait le penser.

La Prévention prospective

Nous appellerons prévention prospective les actions préventives prises sur des produits et services en cours de développement ou de modification.

Dans ce cas, prévenir consiste à anticiper toutes les défaillances possibles et à concevoir le produit ou service de façon à ce qu'il soit insensible à ces défaillances, avant la mise en fabrication du produit ou la fourniture normale du service.

Le domaine de la simulation est le domaine privilégié pour cette prévention et la conception assistée par ordinateur (C.A.O.) remplace progressivement la construction de prototypes et les essais de prototypes. Il est courant aujourd'hui qu'un ensemble électronique complexe soit entièrement simulé sur ordinateur, avant que le premier prototype ne soit réalisé. L'idéal est que le premier prototype soit identique au produit final désiré.

La C.A.O. permet de concevoir des cellules d'avion, d'hélicoptère, des profils de route, des pièces mécaniques en mouvement et de simuler leur comportement dans leur mode d'utilisation.

On utilise par ailleurs de plus en plus fréquemment la modélisation de processus complexes (ligne de fabrication automatisée, ateliers flexibles), de processus administratifs complexes (réservation d'avions, réseau téléprocessing) pour simuler leur comportement réel sans avoir recours à des prototypes ou à des essais réels. Ces simulations permettent non seulement d'éliminer les défaillances potentielles, mais également d'optimiser les processus par rapport à des objectifs fixés à l'avance (délais de fabrication, files d'attente, temps de cycles, etc.).

L'éducation préventive des personnes, grâce à des simulateurs, avant qu'elles ne réalisent une action donnée (ex : piloter un avion, contrôler un vol à partir d'une tour de contrôle, manipuler un corps radioactif à l'aide de micromanipulateurs, etc.) est un moyen de prévention prospective.

Enfin, dans des industries de pointe, microélectronique intégrée, ordinateurs, etc., la conception même du produit incorpore des aides au diagnostic et des schémas de redondance qui permettent le fonctionnement parfait pour l'utilisateur malgré la défaillance de certains composants internes, la généralisation des actions de maintenance préventive et le maintien sous contrôle de l'ensemble du procédé (codes de détection et de correction d'erreur dans les mémoires monolithiques, autocalibration d'équipements de test complexes, etc.).

La Prévention Active

La prévention active consiste à :
— s'attaquer aux causes d'erreurs
— éliminer les causes d'erreurs le plus en amont possible dans le processus
— faire migrer vers l'amont la détection des défauts.

Prenons par exemple un processus complexe pouvant être décrit par une suite arbitrairement linéaire de n processus élémentaires (voir schéma n° 12)

Entrée   Sortie

Schéma n° 12

Il est important dans des processus complexes, donc à forte valeur ajoutée qu'on n'ajoute pas de valeur à un sous-produit défectueux, donc qu'on détecte le défaut aussi près de l'étape à laquelle il se produit. Les défauts non réparables seront d'autant plus coûteux qu'ils apparaîtront vers la fin du processus.

La prévention active consiste donc à mesurer tout au long du processus et à prendre des actions pour repousser le plus en amont possible les sources et la détection des défauts avant de les éliminer (voir schéma n° 12 bis).

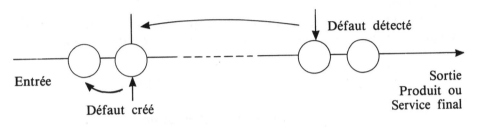

Schéma n° 12 bis

On voit également que la notion de prévention active est très liée à la notion de processus, le produit ou service n'étant que l'étape finale d'un processus plus ou moins complexe.

Dans la mesure où l'entreprise moderne pratique de plus en plus de processus complexes à forte valeur ajoutée, il devient évident que l'amélioration de compétitivité de l'entreprise passe par l'exécution de plus en plus parfaite de tous ces processus grâce à des actions préventives correspondant au mode précédemment décrit.

3 - 1 - 4 — La mesure de la qualité

La mesure de la qualité est la condition nécessaire mais non suffisante à l'amélioration de la qualité.

Indicateurs de conformité

La notion la plus générale de mesure consiste, à partir du besoin exprimé par la relation client-fournisseur (R.C.F.) et par une acquisition de données, à mesurer le taux de conformité du produit ou service réalisé par rapport au besoin exprimé.

Par exemple : le besoin est que tous les bulletins de salaire soient exacts.

La qualité sera donc définie comme le pourcentage de bulletins exacts par rapport au nombre total de bulletins créés.

Ceci s'applique également aux factures, aux commandes, aux publications, aux inventaires, etc.

Nous verrons que cette définition est réellement la base d'une approche rationnelle de l'amélioration de la qualité.

Coût d'obtention de la qualité - C.O.Q.

Il existe également des indicateurs plus complexes du type coût d'obtention de la qualité (C.O.Q.) ou indice de satisfaction client qui sont très utiles bien que non liés à une relation particulière client-fournisseur.

Le C.O.Q. d'une collectivité (entreprise, usine, fonction, département, etc.) est par convention décrit par la formule suivante :

$$C.O.Q. = P + E + D$$

P = Dépenses de prévention
E = Dépenses d'évaluation
D = Dépenses de défaillances

Le tableau n° 13 classe à titre d'exemple un certain nombre d'activités dans les 3 catégories.

On trouvera en annexe un certain nombre de réflexions sur les précautions à prendre quand on étudie le C.O.Q. d'une entreprise ou d'un établissement un peu complexe.

Tableau n° 13

ÉLÉMENTS DU C.O.Q. - EXEMPLES

COÛTS DE CONFORMITÉ	COÛTS DE NON-CONFORMITÉ
PRÉVENTION • Éducation • Prototypes • Simulations • Service méthodes • Assurance qualité • etc.	**DÉFAILLANCES INTERNES** • Ferraillages (rebuts, surplus) • Pertes en ligne • Changements Techniques • Retouches, retravaillages • Immobilisations (équipts, inventaires) • etc.
ÉVALUATIONS • Test final • Contrôle de réception • Inspection en ligne • Audit • etc.	**DÉFAILLANCES EXTERNES** • Dépannages • Garanties • Réclamations • Échanges de pièces • Pénalites/procès • etc.

Le schéma n° 14 suivant indique les différents types de dépenses de défaillances associées au C.O.Q.

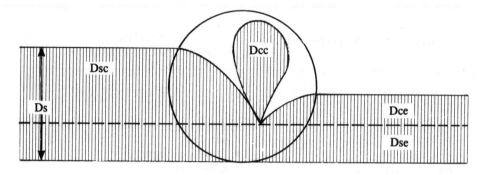

Schéma n° 14

- Un processus donné reçoit
  à l'entrée un certain nombre
  de défauts   Ds   (défauts subis)

- il en corrigera un certain
  nombre   Dsc (défauts subis corrigés)

- il en transmettra un certain
  nombre   Dse (défauts subis émis)

- il générera lui-même un certain
  nombre de défauts   Dc   (défauts créés)

- dont une partie sera corrigée   Dcc (défauts créés corrigés)

- et l'autre envoyée à l'extérieur.   Dce (défauts créés émis)

On voit donc que le coût de défaillances se décompose en :

Coût de correction interne des défaillances subies   Dsc

Coût de correction interne des défaillances créées   Dcc

Coût induit à l'extérieur des défaillances subies et
transmises   Dse

Coût induit à l'extérieur des défaillances créées et
transmises   Dce

Le coût total dû aux défaillances sera :

$$D = Di + De$$

$Di = Dsc + Dcc$ (défaillances internes)
$De = Dse + Dce$ (défaillances externes)

$$\boxed{D = Dsc + Dcc + Dse + Dce}$$

Il est donc important de classer les défauts par types, car cette classification permet d'orienter les actions suivant les types de défaillance.

L'amélioration de la qualité vue par le client sera la réduction du poste Dse + Dce.

L'amélioration de la qualité par le responsable du processus sera la réduction totale Di + De.

Comme Di est souvent beaucoup plus facile à mesurer que De, d'aucuns procéderont à des actions pour minimiser Di. C'est prendre un risque de suboptimisation. Il est essentiel dans ce cas de vérifier que minimiser Di n'augmente pas De, faute de quoi on détériorerait la qualité vue par le client, même si Di + De diminuait.

Les 3 usages du C.O.Q.

1. Le C.O.Q. est, pour la direction générale de l'entreprise, rapporté au chiffre d'affaires par exemple, une évaluation presque toujours par défaut des réserves de profitabilité ou de compétitivité de l'entreprise.

   L'identification de ces réserves permet à la direction générale de se fixer des objectifs stratégiques et d'évaluer les actions préventives d'amélioration de la qualité pour extraire une partie (30, 50 %, etc.) de ces réserves dans les 5 à 10 années à venir.

2. C'est pour l'ensemble du management une source d'informations pour identifier les zones dans lesquelles porter l'effort qualité en priorité. Le coût d'obtention de la qualité peut être évalué pour toute collectivité, sous ensemble de l'entreprise (ex : 1 usine, 1 fonction ou 1 atelier dans une usine, 1 service administratif ou commercial, etc.), et doit aider le manager de cette collectivité dans l'élaboration de son plan d'action Qualité.

3. Le C.O.Q. permet à la direction générale de l'entreprise de vérifier, *a posteriori*, que l'ensemble des actions Qualité, a effectivement amélioré la profitabilité ou compétitivité de l'entreprise. Il faudra pour cela disposer d'une évaluation périodique du C.O.Q. (annuelle par exemple) et que cette évaluation se fasse de façon identique, c'est-à-dire sans changer les règles et méthodes pour l'obtention du C.O.Q. sous peine de ne plus pouvoir comparer les résultats de période à période.

Les indices de satisfaction clients

Des études d'opinion orientées vers les clients pour évaluer leur satisfaction ou vers le personnel pour connaître son opinion sur le mouvement Qualité, sont des moyens d'évaluation, ou des mesures indirectes du mouvement Qualité.

On pourra procéder à l'évaluation du pourcentage des réponses dites favorables, (par exemple : réponses Très bien + Bien par rapport au total des réponses dans le cas où on a 4 ou 5 réponses possibles : Très bien/Bien/Moyen/Insuffisant/Très insuffisant) et suivre l'évolution de ces indices.

On sollicitera également des commentaires écrits qui seront analysés et qui permettront d'orienter les plans d'action dans des directions plus précises.

On pourra enfin analyser les réponses négatives pour rechercher des thèmes d'actions pour l'amélioration de la qualité.

3 - 2 — LA COHÉRENCE DU SYSTÈME

Le schéma n° 15 suivant montre la cohérence des quatre concepts fondamentaux :

Schéma n° 15

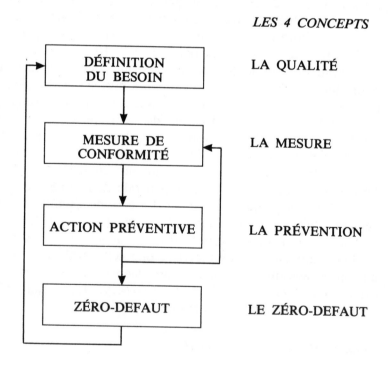

La définition de la qualité est le préalable nécessaire à la mesure de la qualité.

La mesure de la qualité est le préalable nécessaire à l'amélioration de la qualité par des actions de préférence préventives.

L'élimination des causes de non-conformité conduit au zéro-défaut par étapes successives.

Le zéro-défaut conduit à un réexamen des besoins du client et éventuellement à un nouveau cycle.

4 — LES PRINCIPES DE LA GESTION DE LA QUALITÉ

La politique Qualité et les concepts de base qui lui sont associés sont mis en oeuvre en observant les 3 principes de gestion suivants :

1. L'engagement du management
2. L'adhésion de tout le personnel
3. L'amélioration rationnelle de la Qualité.

C'est de la concomitance de ces trois facteurs que naît et se développe le mouvement Qualité (schéma n° 16).

Car chacun de ces principes est nécessaire, mais aucun n'est suffisant.

Pour que le programme Qualité progresse, il est donc nécessaire de veiller en permanence à l'application et à la vitalité de ces trois principes fondamentaux.

4 - 1 — PREMIER PRINCIPE : L'ENGAGEMENT DU MANAGEMENT

Rien ne se passe sans l'engagement de la direction et de l'ensemble du management ; tout commence avec lui et tout se perpétue par lui.

Le management détient les leviers de commandes de l'entreprise. Il décide de ses orientations pour assurer son développement.

La Gestion Totale de la Qualité correspond précisément à une évolution du fonctionnement de l'entreprise, comme le rappelle le tableau n° 17.

C'est donc au management qu'il appartient en tout premier lieu de prendre conscience des enjeux et de déclencher le mouvement.

Le programme Qualité sera élaboré comme le vecteur ou le moyen de s'acheminer vers la Gestion Totale de la Qualité. Il sera pris en main avec force et détermination par le chef d'entreprise et toute la ligne hiérarchique.

Les managers, inlassablement, manifesteront leur volonté de faire progresser le programme, conscients que la Qualité, bien comprise, est de nature à rassembler les hommes et les femmes autour d'un grand projet d'entreprise dans l'intérêt du personnel et de l'entreprise elle-même.

Schéma n° 16

LES TROIS PRINCIPES DE LA GESTION DE LA QUALITÉ

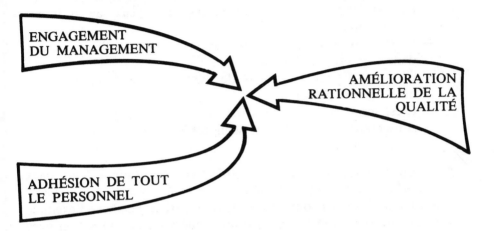

Tableau n° 17

LA GESTION TOTALE DE LA QUALITÉ C'EST :

- L'implication de toutes les fonctions de l'entreprise qui interviennent dans la vie d'un produit ou d'un service.

- Pendant toute la durée du cycle

- Avec la totalité du personnel

- Orientant tous les moyens disponibles vers la prévention des défaillances

- Systématisant la relation Client-Fournisseur (interne et externe)

- Prenant en compte tous les besoins des clients, relatifs :
  — à la qualité (au sens strict)
  — aux délais
  — aux prix
  — aux performances

- Avec pour objectif final la satisfaction totale des clients, soit le zéro-défaut (absence totale de défauts)

4 - 1 - 1 — Que veut dire s'engager ? A quel moment ?

- Face à ce projet ambitieux, tout manager au sein de l'échelle hiérarchique peut s'interroger sur le sens de son engagement. La réponse est claire :

  S'engager :

  — C'est prendre ouvertement position sur la politique Qualité de l'entreprise ; c'est la faire sienne aux yeux de tous ses collaborateurs.
  — C'est se déclarer responsable de la promotion de la Qualité dans son propre domaine.
  — C'est manifester sa volonté de faire participer tous les membres de son personnel.
  — C'est montrer l'exemple dans la qualité de son travail et en consacrant une partie non négligeable de son temps de travail à des actions Qualité.

- Le même manager peut s'interroger sur l'attitude à tenir dans l'immédiat. Sa réaction naturelle sera d'observer ce qui se passe autour de lui et surtout au-dessus de lui. Il recherchera l'exemple de ses supérieurs et les bases d'une cohérence de son action avec celle des autres secteurs. Il attendra un ensemble de règles et d'instructions. C'est pourquoi l'engagement du management ne peut progresser que du sommet vers la base, du chef d'entreprise vers le chef de groupe ou de section.

- La formation sur la Gestion Totale de la Qualité qui est un des premiers actes visibles de cet engagement, commence donc par le chef d'entreprise. Elle consiste généralement en un séminaire résidentiel de plusieurs jours, permettant la réflexion approfondie sur le concept et la façon de le mettre en œuvre.

4 - 1 - 2 — Comment concrétiser son engagement ?

La façon la plus directe, la plus efficace pour un manager de concrétiser son engagement est de démarrer dans son domaine le plan d'action défini au niveau de l'entreprise.

Ce plan d'action général (tableau n° 18, à titre d'exemple) qui répond au besoin de cohérence en ce qui concerne les objectifs, les définitions, les méthodes et outils, facilite au départ la tâche du manager en lui indiquant ce qu'il doit entreprendre et les moyens logistiques et de support sur lesquels il peut compter.

Tableau n° 18

PROGRAMME QUALITÉ
PLAN D'ACTION GÉNÉRAL

1. *ENGAGEMENT DE LA LIGNE DE MANAGEMENT*
   — Application de la politique qualité
   — Prise en charge directe de projets d'Amélioration

2. *MISE EN PLACE D'UNE STRUCTURE (ORGANISATION)*
   — Comités Qualité - Coordonnateurs Qualité
   — Affectation des responsabilités

3. *PRISE DE CONSCIENCE - ÉDUCATION DE TOUS LES COLLA-BORATEURS*
   — La Gestion Totale de la Qualité
   Pourquoi et Comment ?
   — Les concepts, les outils, les projets

4. *PROJETS D'AMÉLIORATION DE LA QUALITÉ*
   — Sélection
   — Indicateurs

5. *IMPLICATION DU PERSONNEL*
   — Groupes de travail
   — Objectifs personnels

6. *COMMUNICATIONS*

7. *INTÉGRATION DE LA QUALITÉ DANS TOUS LES PLANS*
   — Objectifs qualité
   — Mesure de la qualité

8. *COÛT D'OBTENTION DE LA QUALITÉ*
   — Méthodes d'évaluation
   — Identification des opportunités/priorités d'amélioration

9. *RECONNAISSANCE DES MÉRITES*
   — Définition des modes de reconnaissance

Dans la mise en oeuvre de son plan Qualité, le manager prend ses propres responsabilités — et ceci face à ses collaborateurs. Son attitude sera exemplaire sous trois aspects :

- Il évitera en toutes circonstances de rejeter a priori la faute ou les causes d'erreurs sur ses collègues. En particulier, il écartera les attitudes du genre : « Le problème n'est pas chez moi, il est ailleurs ! » - « Si untel faisait correctement son travail, je n'aurais pas d'ennuis ! »

- Il s'attachera, avant tout, à faire l'inventaire des opportunités d'amélioration dans son propre domaine de responsabilité, à établir et à traiter ses priorités. « Balayer d'abord devant sa porte » sera sa règle.

- Il donnera visibilité sur tout ce qu'il entreprend en matière d'amélioration de la Qualité. C'est la bonne façon pour lui d'accroître sa crédibilité et de faire participer son personnel.

A ce stade il nous paraît utile de faire une distinction entre l'engagement du chef d'entreprise et l'engagement de la hiérarchie.

4 - 1 - 3 — Engagement du chef d'entreprise

Le premier acte ou le premier témoignage de cet engagement, est la définition d'une politique Qualité pour l'entreprise et le lancement officiel du programme Qualité.

Mais le chef d'entreprise ne doit pas en rester là. Il fera du programme Qualité un projet d'entreprise. Projet qui fasse éclore toutes les potentialités, qui convertisse les énergies stériles en énergies productives, qui fasse appel aux compétences jusqu'alors inutilisées, qui développe les pouvoirs par l'accroissement des initiatives sans affaiblir l'autorité des managers, finalement qui fasse converger l'ensemble de ces forces nouvelles vers la réalisation des objectifs vitaux de l'entreprise.

Si bien que le chef d'entreprise demeurera en permanence en première ligne pour animer, promouvoir, faire progresser et guider dans la bonne direction.

La ligne d'action que le chef d'entreprise s'efforcera de tenir consiste essentiellement à :

1. *Énoncer la politique Qualité de l'entreprise*

   - Étudier préalablement la Gestion Totale de la Qualité
   - Annoncer cette politique aux managers, puis au personnel.

2. *Investir en ressources*

- Procéder à la nomination (à temps plein ou partiel selon la taille de l'entreprise)
  - d'un directeur de la Qualité
  - d'un coordonnateur Qualité par établissement ou unité opérationnelle
  - de faciliteurs (voir chapitre 3)
- Définir un budget Formation et Communication.

3. *Investir de son temps personnel de façon permanente*

- Animer le Comité Qualité de l'entreprise
- Présider aux revues des stratégies, des plans, des résultats
- Promouvoir la reconnaissance des mérites.

4. *Fixer les objectifs Qualité généraux*

- Instructions générales Qualité
- Progression vers le zéro-défaut
- Position par rapport à la concurrence, etc.

5. *Réviser l'organisation Qualité*

- Rattachement des coordonnateurs Qualité au chef d'établissement ou d'unité opérationnelle ou à la fonction Assurance Qualité.

6. *Prendre en charge personnellement le management d'un projet d'amélioration de la Qualité (tableau n° 19)*

- Organiser le projet (structure P.A.Q)
- Faire participer le plus grand nombre
- Fixer les objectifs — Contrôler les résultats (revues périodiques).

Tableau n° 19

QUELQUES EXEMPLES DE PROJET D'AMÉLIORATION DE LA QUALITÉ (P.A.Q.)*
• Qualité des produits livrés au point d'utilisation • Qualité des pièces de rechange • Qualité de la facturation • Qualité de la commande • Qualité de l'inventaire • Qualité du support client • Qualité du service de la fonction personnel • Qualité des services informatiques • Qualité des communications • Qualité des services téléphoniques • Qualité de la distribution • Qualité vis-à-vis des fournisseurs, des sous-traitants • Etc. ---- ** Il est souhaitable que chaque membre de la direction de l'entreprise ou de l'établissement contrôle directement un P.A.Q.*

4 - 1 - 4 — Engagement de la hiérarchie

Le rôle des managers est non moins capital que celui des chefs d'entreprise.

Les managers constituent en effet l'intermédiaire normal entre le chef d'entreprise et le personnel. Ce sont des relais d'information, de communication, de transmission. Ce sont aussi des animateurs, des gestionnaires, c'est-à-dire tenus d'obtenir des résultats conformes aux objectifs fixés.

On peut alors penser que l'engagement des managers reflète celui du directeur ; la volonté fermement manifestée de celui-ci entraînant une réaction positive et uniforme de ceux-là.

Ce n'est pas toujours le cas. Et là, réside une difficulté du programme.

Les raisons proviennent dans tous les cas d'une mauvaise compréhension ou d'une mauvaise interprétation des idées directrices du mouvement Qualité. Ou bien le changement de cap n'est pas perçu, ou bien on n'en voit pas l'intérêt, ou bien on le subit comme une contrainte supplémentaire.

1. Le changement n'est pas perçu.

Le message peut être mal transmis. D'étage en étage, il se transforme, se distord. L'importance de l'enjeu est mal réalisée. Le projet n'apparait pas crédible : « Il n'y a rien de nouveau dans ce programme ! C'est un programme comme un autre, ça passera ! » Ou bien il semble irréaliste, utopique : « Impossible de gagner sur les coûts et la Qualité à la fois ! » — « Il faut faire des choix » — « Il y a toujours eu des antagonismes » — « Rendre tout le monde heureux, c'est un rêve ! » Ou encore des idées toutes faites ou préconçues persistent : « La Qualité, ça se paie ! » — « Le moteur de la Qualité, c'est les réclamations du client ! »

L'incrédulité du manager n'est souvent que passagère ; elle provient d'un manque de réflexion et de recul, d'une indisponibilité mentale du moment plutôt que d'un refus.

2. L'intérêt du changement n'est pas compris.

Plus dommageable est l'absence de conviction. L'utilité du programme Qualité n'apparaît pas évidente. Les réactions sont alors du type : « On n'a pas besoin de ce programme ! » — « Nous sommes déjà Excellents ! » — « On n'a pas attendu ce programme, on fonctionne comme ça depuis dix ans ! »

La certitude qu'on ne peut mieux faire, qu'on a déjà tout exploré et tout épuisé se fait parfois jour : « Si on pouvait améliorer, on l'aurait déjà fait » — « Améliorer ?, on ne fait que ça ! c'est notre métier. »
Ici le scepticisme est généralement plus tenace.

3. Le programme apparaît comme une contrainte.

Le programme est perçu comme une charge supplémentaire. Le manager se considère indisponible ; « Ce n'est pas la première priorité ! J'ai autre chose à faire ! »

Le manager est mobilisé par les impératifs du court terme et ne réalise pas qu'il lui faut mener une réflexion sur le concept qui lui est proposé afin de déserrer l'étau des contraintes présentes et de préparer le futur.

Il arrive aussi que le programme soit perçu par certains managers comme une ingérence étrangère ; il requiert des comptes dans des domaines où traditionnellement le manager était son seul juge et maître.

Ou bien encore c'est une certaine frustation qui est ressentie. Le manager considère que le programme s'attribue improprement certains succès, le dépossédant quelque peu de son mérite. Il se défend : « Je l'aurais fait de toutes façons ! » et se met en marge du mouvement.

Enfin c'est une certaine crainte de perdre du pouvoir. Le manager dans ce cas n'est pas enclin à partager, à déléguer, à responsabiliser. Il croit son influence menacée en laissant prendre à ses collaborateurs des initiatives qu'il croit être de son ressort exclusif. Le mouvement Qualité qui par définition réclame un style de management participatif, le désoriente quelque peu.

La résistance au changement, qui s'exprime sous les multiples formes que nous venons de voir, doit être l'objet d'une attention permanente de la direction et de la coordination du programme. Selon le cas, les actions appropriées pour améliorer la situation seront : éduquer inlassablement, expliquer, utiliser les exemples pour convaincre, amener les managers à faire un premier pas qui les éclaire sur l'intérêt de leur engagement, les aider à trouver le mode d'adhésion du personnel le mieux adapté à la nature de leurs activités, les associer étroitement à la publicité faite sur leurs succès.

Il faut par contre insister sur le fait que, à l'opposé de cette résistance au changement, nombreux sont les managers chez lesquels dès le démarrage du programme l'écho est favorable, et les principes ou méthodologies proposés trouvent une résonance conduisant à des résultats tangibles et rapides.

Car cette nouvelle approche de la Qualité répond dans la plupart des cas à une attente et du management et du personnel.

Cette conviction profonde, inégalement répartie, constitue la force de départ, le catalyseur qui assurera la progression à la manière de la ''tache d'huile''.

Cette tache d'huile, la direction et le management en général se consacreront à la faire croître en favorisant l'émergence des cas exemplaires, en ''tirant ceux qui avancent plutôt qu'en poussant ceux qui résistent'' sachant que ces derniers finiront par réaliser leur retard et s'engageront pour le réduire.

Essayons de définir la ligne d'action que doit tenir un manager :

1. *Sensibiliser et éduquer son personnel*

- Faire prendre conscience des enjeux que représente la Gestion Totale Qualité
- Former à la Qualité par la théorie et par les exemples vécus, les résultats probants
- Communiquer sa conviction — sinon sa certitude.

2. *Promouvoir des actions d'amélioration de la Qualité*

- Faire participer chacun de ses collaborateurs (utiliser les différents modes d'adhésion)
- Prendre en charge lui-même un projet d'amélioration
- Privilégier les actions préventives
- Développer la relation client-fournisseur
- Mettre en oeuvre les méthodologies et outils de résolution de problèmes et de contrôle statistique.

3. *Créer l'environnement propice au développement de l'esprit Qualité.*

- Management participatif - climat de confiance
- Responsabilisation aux postes de travail
- Dialogue - Écoute - Consensus - Communication
- Information sur la marche de l'entreprise

4. *Reconnaître les mérites*

- Détecter, identifier les faits marquants en matière de Qualité
- Utiliser les modes de reconnaissance existants
- Promouvoir, le cas échéant, des formes nouvelles de récompense adaptées à l'épanouissement de l'esprit Qualité.

Pour conclure, ce ne sont pas les déclarations d'intention, les exhortations du manager qui feront que le personnel adhère, mais l'affirmation sincère de ses convictions, la manifestation réelle de sa volonté et la visibilité qu'il donnera sur les résultats obtenus.

4 - 2 — DEUXIÈME PRINCIPE : L'ADHÉSION DE TOUT LE PERSONNEL

L'adhésion du personnel est le second pilier vital du triptyque de la gestion totale de la Qualité.

Elle vise à utiliser, sous des modes divers, le potentiel de ressources considérables que constituent l'intelligence, la créativité, l'imagination, les compétences et les connaissances de tous les membres de l'entreprise.

Ces ressources orientées vers l'action préventive, l'élimination des causes de défauts tous azimuts, apportent à l'entreprise un gain de compétivitité par l'élimination de dysfonctionnements coûteux. Le personnel, de son coté, appelé à participer, à s'exprimer, à être écouté, trouve dans ce mouvement une source de satisfaction et une nouvelle possibilité de se réaliser au sein de l'entreprise.

4 - 2 - 1 — Qu'entend-on par adhésion ?

- Adhérer,

  - C'est partager une idée force, une opinion sur un sujet d'importance — en l'occurrence « La Qualité clé de la compétitivité et/ou clé de la participation »
  - C'est s'associer volontairement et concrètement à un mouvement — en l'occurence le mouvement Qualité.
  - C'est apporter sa contribution à une oeuvre commune avec la certitude d'une satisfaction en retour — en l'occurence voir ses mérites reconnus.

4 - 2 - 2 — Comment concrétiser son adhésion ?

- L'adhésion au programme Qualité, pour le personnel, veut dire simplement contribuer à l'amélioration de façon permanente :
  - amélioration de la Qualité des processus, produits et services de l'entreprise
  - amélioration des relations humaines

- L'adhésion du personnel se fait autour de quelques axes directeurs pour lesquels des structures d'accueil sont développées :

  - Le travail en groupe
  - Les objectifs individuels
  - La relation client-fournisseur
  - L'auto contrôle

  Nous traiterons en détail chacun de ces quatre modes d'adhésion dans le chapitre intitulé "Action du Personnel".

- Tous les acteurs de l'entreprise, quels que soient leur activité ou leur niveau hiérarchique, sont invités à s'associer au mouvement Qualité :
  - par le chef d'entreprise lui-même s'adressant à l'ensemble du personnel
  - par leur manager — directement, au cours de réunions de sensibilation ou lors de la création d'un projet d'amélioration

  Les moyens de communication locaux apporteront un concours complémentaire :
  - Journaux d'entreprise, lettres, brochures
  - Vidéo-cassettes, nouvelles téléphonées, etc.

- Il appartient au management de chaque organisation de décider des orientations qu'il veut privilégier.

A terme les quatre axes directeurs coexistent dans l'entreprise avec des pondérations différentes selon les secteurs.

4 - 2 - 3 — *Quels objectifs poursuit-on ? Comment mesurer l'adhésion ?*

L'adhésion, au sens où nous l'avons définie, s'évalue sur un plan qualitatif et sur un plan quantitatif :

- *Le plan qualitatif* se caractérise par le niveau de maturité qu'une population a atteint en moyenne. par rapport à un niveau ultime de référence. Ce dernier correspond au stade où les principes/concepts de la Qualité seraient totalement intégrés dans la vie de tous les jours à l'état de réflexe (dans les comportements, dans les attitudes, dans les actions et les plans).

  On peut évaluer qualitativement ce niveau de maturité par des questionnaires adaptés à cet usage (voir par exemple la « maturity grid » de Ph. CROSBY dans son livre « Quality is free »).
  On pourra également utiliser :
  — les enquêtes d'opinion détaillées dont les résultats sont exploités dans ce sens
  — la valeur, l'intérêt et le nombre des indicateurs Qualité mis en œuvre au sein de la population concernée
  — les résultats Qualité (la valeur et le nombre des cas exemplaires, des faits marquants, la tendance des indicateurs)
  — etc.

- *Le plan quantitatif* s'exprime par le nombre de personnes qui adhèrent aux différents modes (ou axes directeurs) que nous avons énumérés.

  La mesure est ici plus aisée : par exemple, le bilan mensuel du nombre de groupes actifs avec les nombres correspondants de participants permet une évaluation assez précise du travail en groupe. De même, le bilan trimestriel ou annuel du nombre de personnes qui se sont engagées sur un objectif Qualité correspond à une mesure de l'adhésion.
  Il en va de même pour ceux qui pratiquent la relation client-fournisseur (mise en oeuvre d'une méthodologie) ou l'autocontrôle (responsabilité au poste de travail).

Alors, quel objectif vise-t-on ? La réponse est claire bien qu'ambitieuse :

Nous pensons que l'ensemble du personnel de l'entreprise doit adhérer au programme Qualité sous une forme ou une autre et atteindre à terme le niveau de maturité recherché.

Il faut se persuader que ce n'est qu'une question de temps. Ce résultat n'est-il pas déjà atteint dans des microstructures et des populations bien spécifiques ?

4 - 3 — TROISIÈME PRINCIPE : L'AMÉLIORATION RATIONNELLE DE LA QUALITÉ

Le programme Qualité soutenu par la volonté du management et assuré de l'adhésion massive de la population, a dès lors besoin d'une méthode d'amélioration rationnelle pour faire éclore et se multiplier les gains de compétivité et la satisfaction du personnel.

L'entreprise, nous l'avons vu, peut être considérée comme un réseau de relations client-fournisseur allant de la cellule de base (l'opérateur inséré dans la ligne de fabrication ayant son client en aval et son fournisseur en amont) à la cellule intégrale (l'entreprise avec ses clients et fournisseurs externes) en passant par des cellules intermédiaires (les unités opérationnelles ou fonctionnelles).

Le principe de la relation client-fournisseur systématisé génère ainsi au moins autant de besoins exprimés qu'il y a de clients internes et externes.

Le fournisseur, selon la définition de la Qualité, doit satisfaire le besoin exprimé. Pour ce faire il doit :

1. clarifier le besoin en relation avec son client et l'exprimer en termes mesurables ;
2. comparer la situation actuelle au besoin exprimé — c'est-à-dire mesurer le niveau de conformité ;
3. identifier les causes de non-conformité — c'est-à-dire les raisons qui empêchent d'atteindre l'objectif ;
4. déclencher les actions correctives pour éliminer les causes et améliorer le niveau de conformité.

Le zéro-défaut est atteint lorsque le produit ou le service fourni à un moment donné est conforme en tous points au besoin exprimé.

Telle est la méthode d'amélioration rationnelle de la Qualité qui, systématisée, conduit aux résultats escomptés.

4 - 3 - 1 — *Définir les besoins*

Par besoin, il faut entendre ici le besoin exprimé par le client (ou la demande du client) c'est-à-dire celui qui est issu de la relation client-fournisseur et qui constitue l'objectif actuel.

La définition de ce besoin doit être établie en termes quantitatifs afin de permettre la mesure et doit résulter d'une analyse conjointe client-fournisseur afin d'être comprise sans ambiguïté, interprétée de la même façon de part et d'autre. Les deux parties se mettent d'accord sur la définition et trouvent dans cet accord leurs intérêts respectifs.

Ainsi défini le besoin sera officialisé dans un document qui apparait sous des formes diverses : ce peut être un cahier des charges, un contrat de service, une règle de conception, une instruction de fabrication, une norme de Qualité, une procédure de sécurité, etc.

Pour le fournisseur, répétons-le, le besoin exprimé constitue au premier chef l'objectif à atteindre. Encore faut-il savoir comment se situe le produit ou le service fourni par rapport à cet objectif.

4 - 3 - 2 — *Mesurer le niveau de conformité*

Le niveau de conformité est le rapport (généralement exprimé en pourcentage) du niveau de Qualité actuel au niveau de Qualité objectif (besoin exprimé).

Ainsi, nous dirons par exemple que le niveau de conformité des factures au premier enregistrement à la comptabilité, est de 90 %.

Selon la nature du produit ou du service, il est plus ou moins facile de traduire en termes quantitatifs le niveau de qualité fourni. S'il est aisé pour des pièces mécaniques de mesurer des cotes, des poids ou des volumes, ou d'évaluer un taux de défauts pour des composants électroniques, il est en revanche moins courant de quantifier la Qualité d'un service fourni.

Dans le cas de processus, produits ou services complexes qui se caractérisent par de nombreux paramètres de dimensions différentes, on est conduit à créer des indicateurs "agrégat" si l'on veut traduire le niveau de Qualité par un seul ou un petit nombre d'indicateurs. Encore faudra-t-il parfois pondérer les paramètres en question pour refléter au mieux la satisfaction du client.

Prenons l'exemple de la fourniture d'un fluide, l'eau par exemple, à une industrie agro-alimentaire (ce pourrait être l'électricité, un gaz, un produit chimique). La Qualité du service fourni est fonction :
— de la Qualité intrinsèque de l'eau (pureté - résistivité - PH - bactéries)
— de la disponibilité aux multiples points d'utilisation, du débit, de la pression, de la température, etc.

Tableau n° 20

NIVEAU DE SATISFACTION DES UTILISATEURS DE L'INFORMATIQUE
(Réseau de traitement de données à distance)

Chaque fonction utilisatrice, pour un jour donné, évalue la qualité du service fourni en attribuant une note allant de 1 à 5 suivant les critères établis d'un commun accord client-fournisseur.

Au cours d'une réunion hebdomadaire s'effectue la revue des résultats en présence des fonctions intéressées (clients-fournisseurs), ce qui génère :
— une source d'information sur l'importance, la localisation et les causes probables des anomalies.
— une compréhension commune de la situation et une volonté de coopération.

	SEMAINE N° 41				
	Lundi	Mardi	Mercredi	Jeudi	Vendredi
UNITE DE PRODUCT. A	12 / 6 **1** 18 / 0	12 / 6 **2** 18 / 0	12 / 6 **2** 18 / 0	12 / 6 **5** 18 / 0	○
FONCTION PERSONNEL	12 / 6 **3** 18 / 0				
ACHATS	○				
ETC.					

Note : La synthèse des évaluations est présentée sous forme d'une matrice d'horloges (0-24 heures) permettant à chaque utilisateur d'indiquer la période d'anomalie observée.
(La note se place dans le format préétabli au centre de l'horloge.)

On voit dans ces conditions que traduire la satisfaction du client par un seul indicateur chiffré devient une opération compliquée.

Le problème se complexifie encore quand les différents paramètres qui constituent l'indicateur Qualité varient relativement en fonction du temps. Dans notre exemple, le paramètre pureté de l'eau peut avoir une importance (incidence économique) différente selon les phases de la production. Une pondération variable des différents paramètres peut s'imposer en fonction de l'heure si l'on veut traduire le plus fidèlement possible la satisfaction du client.

De même, trouver des indicateurs significatifs dans les services administratifs est un champ qui reste encore largement à défricher.

Comment mesurer le service rendu par la fonction personnel ? la fonction achats ? la fonction informatique ? la sécurité ? la comptabilité fournisseurs ? etc.

L'expérience montre cependant que dans tous les cas, cela est possible et même fait voir a posteriori que la mesure n'y est pas plus difficile que dans les domaines techniques.

Le travail en groupe, par exemple, révèle son efficacité créative dans ce domaine.

Les indicateurs peuvent ensuite se combiner entre eux pour fournir des indicateurs généraux qui traduisent au niveau de l'entreprise la Qualité des services et produits fournis.

L'acquisition de données, l'utilisation d'outils statistiques simples (telles les méthodes d'échantillonnage), les notations collectives, sont des moyens simples mais efficaces de mesurer la Qualité — même dans les services administratifs. L'agent de la fonction personnel ou du magasin qui manipule chaque mois des milliers de bordereaux peut mesurer sa Qualité avec un certain niveau de confiance, par des prélèvements limités.

L'attribution d'une note, par tous les utilisateurs, à la Qualité d'un service fourni sur une base périodique est un excellent moyen de mesurer la satisfaction des clients internes (tableau n° 20).

4 - 3 - 3 — *Éliminer les causes de non-conformité*

La mesure de la conformité (ou de la non-conformité) traduit le progrès à réaliser pour satisfaire le besoin du client. La méthode pour atteindre l'objectif est la suivante :

Identifier les causes de non-conformité

— Recherche systématique, exhaustive des causes. L'expérience prouve qu'une cause peut en cacher une autre ; se précipiter sur la première cause et se persuader qu'elle est seule à l'origine du problème peut conduire à des déceptions graves. La démarche consiste donc à analyser toutes les causes possibles.

Pour ce faire on utilise les méthodes désormais classiques (brainstorming, consensus, diagramme causes-effet, diagramme de Pareto) que nous aurons l'occasion de décrire plus en détail.

— Il s'agit de s'attaquer à la cause et non pas à l'effet. Éliminer l'effet peut résoudre momentanément le problème mais celui-ci a toutes les chances de se reproduire.

Prenons le cas de l'agent administratif chargé de compléter des bordereaux. Ceux-ci lui parviennent avec un certain taux d'erreurs. Il les corrige au passage — mais ce faisant il n'élimine pas la cause des erreurs : il en élimine l'effet.

Il n'y a pas de raison a priori pour que les erreurs disparaissent tant que la cause est présente.

La cause, en l'occurence, peut être l'imputation de codes erronés par l'opérateur ou l'agent qui se trouve en amont dans le processus.

— Une cause donnée peut dépendre d'une autre cause. La démarche consiste donc à remonter en amont le long des processus jusqu'à la cause originelle.

Si l'opérateur ci-dessus a commis une erreur c'est parce qu'il dispose d'un répertoire de codes incomplet ou périmé. La cause se situe maintenant à l'édition ou à la diffusion du répertoire. Et ainsi de suite... jusqu'à l'identification complète de la cause, source de toutes les autres causes.

Éliminer les causes de non-conformité

Là où les causes sont identifiées avec certitude, l'étape nouvelle consiste à déclencher les actions correctives adéquates pour les éliminer. Un plan d'action de type préventif sera mis en place. Dans l'exemple ci-dessus il s'agira d'éduquer les opérateurs ou agents administratifs, leur expliquer la signification de toute la nomenclature, les sensibiliser aux répercussions de leurs erreurs dans le travail en aval. Il s'agira aussi de revoir les procédures de distribution des répertoires, l'adressage, la mise à jour, les fréquences.... Plus encore, le plan d'action inclura la création d'un groupe pour parfaire, éditer un répertoire sans lacune et sans erreur, etc.

Le plan d'action de type préventif se construit — comme pour l'identification des causes — en utilisant les méthodes de résolution de problèmes éprouvées afin de s'assurer qu'on élimine complètement les causes dans les meilleures conditions et qu'on évite de substituer un nouveau problème à celui qu'on élimine.

Empêcher tout retour du problème

Il s'agit :

— ou bien de mettre en place un verrouillage fiable qui empêche la réapparition des mêmes effets produits par les mêmes causes ;
— ou bien de continuer la mesure — à une précision et une fréquence adéquates — pour observer toute réapparition du signal.

Certains outils statistiques simples (telles les cartes de contrôle) permettant de mettre un processus sous contrôle, répondent la plupart du temps à ce type de préoccupation.

4 - 4 — CONCLUSION

Notre conception de la gestion de la Qualité consiste à réunir les trois facteurs fondamentaux :

1. engagement du management,
2. adhésion de tout le personnel,
3. amélioration rationnelle de la Qualité.

Chacun de ces facteurs nécessite une attention permanente pour se développer et s'enrichir.

La création d'indicateurs dans tous les processus de l'entreprise permet la mesure de la Qualité, donc son amélioration continue et systématique pour la satisfaction même des clients internes et externes de l'entreprise.

MÉTHODE D'AMÉLIORATION RATIONNELLE DE LA QUALITÉ

- Identification des Clients-Fournisseurs
- Expression du besoin Client :
  — par la relation Client-Fournisseur
- Acquisition des données
- Mesure de la conformité au besoin :
  — création d'indicateurs Qualité
- Identification des causes de non-conformité :
  — le plus en amont possible
  — utilisation des méthodologies/outils Qualité
- Élimination des causes - Action corrective
- Mesures préventives - Verrouillage.

CHAPITRE 2

LA MISE EN PLACE DU PROGRAMME QUALITÉ DANS L'ENTREPRISE

1 — ACTIONS DU MANAGEMENT

1 - 0 — Énoncé de la politique qualité
1 - 1 — Structure qualité
1 - 2 — Formation à la qualité
1 - 3 — Projets d'amélioration de la qualité
1 - 4 — Communications
1 - 5 — Reconnaissance des mérites
1 - 6 — Objectifs qualité
1 - 7 — Plan qualité
1 - 8 — Conclusion

2 — ACTIONS DU PERSONNEL

2 - 1 — Le travail en groupe
2 - 2 — Les objectifs individuels
2 - 3 — La relation client-fournisseur (R.C.F.)
2 - 4 — L'auto-contrôle

1 — ACTIONS DU MANAGEMENT

1 - 0 — ÉNONCÉ DE LA POLITIQUE QUALITÉ

Comme nous l'avons vu au chapitre « Politique qualité de l'entreprise » la direction générale manifeste en tout premier lieu sa volonté de changement en énonçant une politique qualité.

1 - 1 — STRUCTURE QUALITÉ

Il est essentiel de prolonger cette volonté par la création de structures permettant la mise en oeuvre de la politique par la hiérarchie et le personnel.

Nous proposons ici une structure à 3 composantes :
— les Comités Directeurs Qualité,
— la Direction Qualité,
— les Coordonnateurs Qualité et les Comités Fonctionnels.

Dans tous les cas, l'encadrement reste responsable au premier plan de la qualité de ses opérations. La structure ci-dessus vise à l'aider dans ses actions.

1 - 1 - 1 — Les Comités Directeurs Qualité

Ce sont des comités de décision. Ils doivent donc être composés de responsables opérationnels.

Dans le cas d'une entreprise moyenne ou grande, comportant plusieurs établissements (usines, laboratoires, agences, magasins, centres administratifs, etc.), il y aura au plus haut niveau le Comité Qualité de la Compagnie, présidé par le directeur général et constitué de ses principaux collaborateurs (son Comité exécutif ou de Direction).

Il y aura également des Comités Qualité dans les établissements et les grandes directions opérationnelles (tableau n° 21).

Ces comités sont composés en majeure partie de responsables opérationnels, capables de prendre ensemble des décisions de préférence sur le mode "consensus", puisque les sujets traités sont relatifs à des processus inter-fonctionnels (relations clients-fournisseurs).

Tableau n° 21

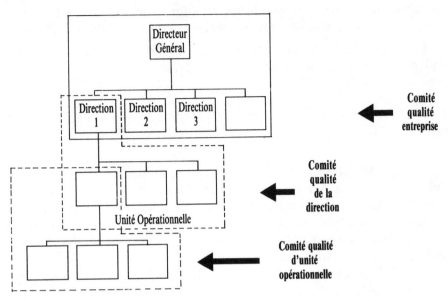

Ces comités se réuniront par exemple une fois par mois, pendant deux heures. Ils décident et assurent le suivi des plans Qualité et des projets Qualité des grandes fonctions de l'Entreprise. (tableau n° 22).

Tableau n° 22

MISSION D'UN COMITÉ DIRECTEUR QUALITÉ
— Approbation stratégie qualité — objectifs long terme
— Approbation plan qualité — ressources, objectifs à l'horizon du plan d'opérations
— Suivi des actions qualité
— Reconnaissance des mérites
— Arbitrages

1 - 1 - 2 — La Direction Qualité

La direction générale nommera un directeur Qualité qui animera un petit groupe chargé essentiellement d'élaborer pour la direction générale une stratégie Qualité pour l'entreprise. La direction Qualité fera la synthèse du plan Qualité de l'entreprise et elle jouera également auprès des directions opérationnelles le rôle d'animateur, en assurant la cohérence des actions par des revues périodiques (voir tableau n° 23).

En aucun cas la direction Qualité ne se substituera au management, seul responsable de la Qualité de ses opérations.

1 - 1 - 3 — *Les Coordonnateurs Fonctionnels et les Comités Fonctionnels*

Dès que la taille de l'entreprise le justifie, le directeur Qualité démultipliera ses actions par un réseau de coordonnateurs Qualité dans chacune des unités opérationnelles de l'entreprise. Ceux-ci rapporteront généralement directement au directeur de l'unité en question et joueront, vis-à-vis de leurs directions respectives, un rôle analogue à celui du directeur Qualité vis-à-vis de la direction générale.

Des comités de coordonnateurs Qualité se réuniront périodiquement sous la présidence du directeur Qualité, pour échanger de l'information, harmoniser les actions et mener des réflexions pour assurer la cohérence du langage et des méthodes proposées à leurs directions respectives.

Cette structure légère (tous les coordonnateurs n'étant pas à plein temps, sauf dans les grandes unités supérieures à 500 ou 1 000 personnes) permet d'orienter les actions du management sans jamais se substituer à celui-ci.

Tableau n° 23

MISSIONS DU DIRECTEUR DE LA QUALITÉ
— Élaborer une stratégie qualité pour l'entreprise cohérente avec les objectifs stratégiques de l'entreprise.
— Consolider le plan qualité au niveau de l'entreprise et s'assurer de sa cohérence avec les objectifs opérationnels du plan de l'entreprise. La consolidation portera notamment sur les plans d'éducation et communication.
— Assurer le suivi des actions qualité au niveau direction générale, notamment par des revues qualité périodiques des fonctions.
— Émettre les directives fonctionnelles qualité (par exemple reconnaissance des mérités, mesure du mouvement qualité, objectifs stratégiques et opérationnels, règles et procédures qualité.
— Représenter l'entreprise à l'extérieur, notamment auprès des associations professionnels et institutions.

1 - 2 — LA FORMATION A LA QUALITÉ

La Gestion Totale de la Qualité constitue en elle-même une manière de se comporter et d'améliorer l'ensemble des processus de l'entreprise. A ce titre elle doit être enseignée au sein de l'entreprise selon un programme de formation très spécifique, tout au moins en début de programme. Il est utile d'en faire ressortir les traits dominants et les particularités.

1 - 2 - 1 — Caractéristiques de la formation

Généralisation à toute l'entreprise

Le programme de formation initiale est conçu de façon cohérente au niveau de l'entreprise. Il doit être adapté aux différentes populations pour que tous les membres de l'entreprise reçoivent, sans exception, une formation Qualité qui corresponde à leurs besoins.

C'est une des premières démarches, indispensable, pour assurer l'évolution vers la G.T.Q.

La prise de conscience, l'assimilation des concepts et leur mise en pratique se fera d'une extrémité à l'autre de la ligne hiérarchique en commençant par le sommet.

Permanence

Les sessions de formation initiale ne sont qu'un point de départ, un coup d'envoi. Elles doivent se prolonger par des sessions de rappel périodiques, incorporant, entre autres, les nouveaux promus et les nouveaux venus dans l'entreprise.

Ce n'est qu'à ce prix que le mouvement Qualité pénétrera réellement les populations à travers les niveaux organisationnels. Le chemin en est long et difficile ; il faut y revenir sans cesse.

La formation Qualité devra à terme, faire partie de la formation permanente de l'entreprise.

Pragmatisme et exemplarité

Les concepts fondamentaux sont enseignés systématiquement à tous. Et ceci en s'attachant dans tous les cas à en faire comprendre le sens et la portée à partir de réalisations tangibles, de témoignages concrets, de faits marquants qui ont valeur d'exemple.

Des études de cas prélevés si possible dans la vie courante de l'entreprise, seront proposées aux participants. Elles permettent la mise en pratique de la méthodologie enseignée, donc une meilleure appréciation de son efficacité.

Le contenu du programme formation tiendra compte par ailleurs de l'environnement de l'entreprise, de ses spécificités en matière d'effectifs, activités et organisations.

Engagement du management

La formation Qualité doit apporter la démonstration de l'engagement du management.

Chaque manager a la responsabilité de veiller à la bonne exécution du programme formation dans son domaine. Il doit se manifester face à son personnel non seulement pour répercuter l'enseignement mais pour témoigner de sa volonté personnelle de s'engager dans le mouvement. Il s'attachera à présenter les marques ou preuves tangibles de cet engagement en prenant publiquement position sur les principes et en annonçant l'action qu'il entend mener.

C'est ainsi que progressivement s'instaurera en chacun la conviction que le concept G.T.Q. est salutaire, que l'évolution est nécessaire, et que finalement la Qualité deviendra partie intégrante du comportement de chacun, une seconde nature.

1 - 2 - 2 — Enseignement qualité de base

La formation Qualité est le préalable indispensable à une action Qualité efficace et durable. Elle est, à l'évidence, une des toutes premières étapes du plan d'action.

Objectifs

La formation initiale vise essentiellement à ce que chaque membre de l'entreprise :
— prenne conscience de l'importance de la Qualité ;
— connaisse les nouveaux concepts, principes, méthodologies ;
— identifie clairement où résident les nouveautés ;
— identifie les gisements d'amélioration de la Qualité dans son domaine, voire dans l'entreprise ;
— mette en pratique les méthodes et les outils.

Contenu

Il convient de considérer le fond et la forme.

En ce qui concerne le fond, le tableau n° 24 présente à titre d'exemple, le contenu d'une session de formation ou d'un séminaire Qualité. On en suivra en principe la séquence.

Pour ce qui est de la forme, il est important de varier les modes d'expression. Les moyens audiovisuels par exemple sont de précieux auxilaires pédagogiques pour propager les messages clés ou expliquer les méthodes de base. On les fera alterner avec les présentations formelles des intervenants.

Par ailleurs, des exemples pris dans l'entreprise aident à la compréhension des principes théoriques.

Ils peuvent aussi bien traiter de la Qualité des produits livrés (expression de la satisfaction client), que de la marche vers le zéro-défaut d'un service fourni ou de la mise en évidence des causes d'erreurs perturbant depuis longtemps un processus.

Pour renforcer l'ensemble, le message du chef d'entreprise témoigne de la volonté du management, et suscite ainsi une meilleure adhésion.

L'entreprise aura intérêt à développer pour son usage propre une documentation adaptée à son caractère spécifique, un manuel de formation, des présentations type. Elle ne se privera pas pour autant des messages généraux disponibles à l'extérieur.

Tableau n° 24

PROGRAMME QUALITÉ - FORMATION DE BASE

1. Le besoin Qualité
   L'évolution du concept Qualité
2. La politique Qualité de l'entreprise
   Les concepts fondamentaux de la Qualité
3. Les principes de la gestion de la Qualité
4. Les étapes de la mise en place du progamme
5. Les méthodes et les outils
6. Conclusion : la Qualité, clé de la compétivité

PERSONNALISATION

a) Messages de la direction
b) Audio-visuels sur les concepts, méthodes et outils. (films - vidéocassettes - diaporamas)
c) Cas exemplaires (réalisations concrètes en matière d'amélioration de la Qualité
d) Études de cas (choisis de préférence dans l'entreprise)

Les études de cas

Nous avons insisté sur la valeur éducative irremplaçable des études de cas. Voici, à titre d'exemple, une façon de procéder.

Lors d'une séance de formation, les participants sont repartis en groupes de 6 à 8 personnes, chaque groupe prenant en charge l'étude d'un cas qui lui est exposé par un manager de l'entreprise (Informatique — Finance — Unité de Production — Personnel — etc.)

Il s'agit de décrire un processus technique ou administratif (facturation, recouvrement des impayés, systèmes de données du personnel, entrée des commandes, distribution, management des inventaires, etc ainsi que ses problèmes associés — tableau n° 25).

Le manager fait partie du groupe ; il apporte toute l'information utile, mais ne joue aucun rôle directif.

L'exercice consiste pour le groupe :

- à mener une réflexion et faire une analyse du cas en s'attachant à appliquer les concepts et méthodes préalablement étudiés ;
- à suggérer des actions d'amélioration significatives et évaluer sommairement la réduction du coût de la Qualité (C.O.Q.) ;
- à exposer à l'ensemble des participants les résultats du travail de groupe. Plusieurs cas sont ainsi revus et commentés au cours de la même séance.

L'intérêt de l'exercice réside dans le fait qu'il amène les participants à préciser ensemble, sur des cas réels, les idées fondamentales de la Qualité, à mettre en pratique l'enseignement reçu (la relation client-fournisseur par exemple) ainsi que les outils de résolution de problèmes (brainstorming, Pareto, diagramme Causes-Effet, outils statistiques, etc.)

Le temps étant limité (une journée ou deux), il conduit le groupe à s'organiser rapidement et à juger de l'efficacité des méthodes proposées.

Tableau n° 25

DÉFINITION D'UN PROCESSUS

Un processus est un enchaînement de tâches réalisées à l'aide de moyens tels que : personnel, équipements, matériel, informations, procédures, etc.. en vue d'un résultat final escompté (produit ou service).

C'est un ensemble d'activités caractérisées par :

— des entrées mesurables (M)
— une valeur ajoutée (V.A.)
— des sorties mesurables (M)
— la possibilité de réitération

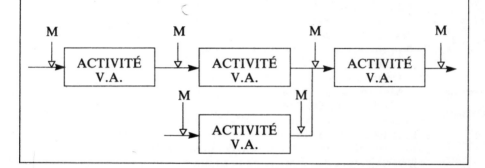

A titre indicatif, le tableau n° 25 bis présente une démarche séquentielle que le groupe applique pour mener à bien son étude.

Le résultat du travail de groupe peut être repris ultérieurement par l'organisation intéressée pour une étude plus approfondie.

Tableau n° 25 bis

APPROCHE DE L'ÉTUDE DE CAS
1. *Définition du processus (cas proposé)* — *choisir un cas simple* — Où commence t-il ? Où finit-il ? — Structure et interfaces (décomposition en activités) — Circulation de l'information ; Compétences et moyens mis en oeuvre 2. *Contrôle du processus* — Gestion du processus — Responsabilités — Mesures du processus — Sont-elles appropriées ? 3. *Analyse du processus (ou d'un segment)* — Définition des entrées-sorties (Relation Client-Fournisseur) . Définition et expression des besoins . Mesure de la conformité aux besoins (Indicateurs Qualité) — Identification des types de défaut — Importance relative Établissement des priorités pour les éliminer (Pareto) — Identification de la cause des défauts (Causes-effet) — Détermination des moyens pour éliminer les causes des défauts — Plan Qualité — Évaluation/efficacité des actions correctives Réflexion sur le risque de suboptimisation 4. *Analyse économique* — Évaluation sommaire du C.O.Q actuel et du C.O.Q futur escompté (Prévention — Évaluation — Défaillances)

Organisation pratique

Nous mentionnons ici, pour fixer les idées, l'ordre de grandeur de la formation formelle que tout membre de l'entreprise doit en principe recevoir en début de programme.

— Pour le chef d'entreprise et les membres de la direction générale, on recherchera un séminaire résidentiel de haut niveau sur la Gestion Totale de la Qualité, de deux à trois jours, organisé de préférence en dehors de l'entreprise et par un organisme extérieur à l'entreprise.

— Pour les chefs d'unités opérationnelles ou fonctionnelles et les spécialistes de niveau équivalent — après une séance initiale de sensibilisation d'une demi-journée — un séminaire de formation plus "lourde" est nécessaire dans les mois suivants. On recherchera un séminaire résidentiel d'une durée de deux à trois jours organisé par l'entreprise si sa taille le lui permet.

— Tous les managers et les spécialistes de niveau équivalent suivront — après une demi-journée de sensibilisation — un séminaire interne à l'entreprise d'une durée de deux jours.

Les participants (une vingtaine en principe) seront de préférence choisis parmi les fonctions qui ont le plus de relations opérationnelles entre elles.

— Tous les collaborateurs, sans exception, recevront de leurs managers une formation formelle d'au moins quatre heures.

La présence et la participation du chef direct à ces séances de formation s'imposent.

Suggérons enfin que désormais, des modules Qualité figureront systématiquement dans les cours de formation professionnelle de l'entreprise.

1 - 2 - 3 — Enseignement qualité spécialisé

Au delà de la formation de base sur la Gestion Totale de la Qualité qui concerne tous les membres de l'Entreprise, un enseignement spécialisé adapté au métier est à prévoir. Voici quelques exemples.

Agents administratifs

On développe pour les employés administratifs une formation sur les outils statistiques simples et leurs applications.

On recherche par là la pénétration des statistiques dans les processus administratifs, au même titre que dans les processus de production. Mettre sous contrôle statistique (au moyen de cartes de contrôle) un processus de commande, d'achat, de facturation ou de gestion d'inventaires peut présenter autant d'intérêt sur le plan de la réduction du coût des défaillances et de la prévention des problèmes, que pour un processus d'assemblage dans une ligne de fabrication.

Appliquer les techniques d'échantillonnage dans les services où se manipulent des quantités importantes de documents, de bordereaux, etc... pour évaluer (avec un certain niveau de confiance) le taux d'erreurs commis, peut également présenter un intérêt économique de premier plan.

Ces milieux administratifs perçoivent souvent comme difficile la mise en oeuvre d'indicateurs de Qualité significatifs. Des outils statistiques simples peuvent diminuer cette difficulté en leur offrant des possibilités réelles de mesure et de suivi.

La formation statistique envisagée, d'une durée de deux jours par exemple pour les agents administratifs, est donc une « formation de masse » qui s'inscrit dans le cadre du programme Qualité. Au cours des séances de formation, de nombreux exemples, choisis parmi les cas vécus dans l'entreprise, illustrent la théorie et suggèrent de nouvelles idées.

Cadres Spécialistes ou d'Étude

Dans la plupart des entreprises, les grands projets techniques ou administratifs nécessitent le travail en groupe. Il est important que les cadres qui y participent aient pris conscience des mécanismes de communication et des causes de dysfonctionnement des groupes.

Une formation générale dans ce domaine, avec étude de cas vécus, est un prélude très utile à la formation plus concrète qu'est l'animation de groupe ou la participation active à un groupe.

Animateurs de Groupes

Les managers ou cadres spécialistes qui sont appelés à animer un Groupe Qualité (que ce soit un groupe d'Amélioration de la Qualité ou un Cercle de Qualité) ont préalablement été éduqués sur les techniques d'animation (recherche du consensus, participation de tous, jaillissement d'idées, etc.), sur les règles de fonctionnement et de gestion de ces groupes ainsi que sur la méthodologie de travail en groupe (outils et étapes de résolution de problèmes).

L'expérience montre que ce type de formation requiert des séminaires allant de 2 à 5 jours.

Fournisseurs

La Qualité des produits qui sortent de l'entreprise commence avec la Qualité des produits qui entrent dans l'entreprise. Les fournisseurs sont partie intégrante du mouvement Qualité. A ce titre, ils doivent être tenus informés du déroulement du programme Qualité de l'entreprise afin de déterminer la meilleure façon pour eux de s'y associer.

Dans un premier stade, l'entreprise organisera une journée d'information et de réflexion à l'usage de ses fournisseurs.

Ceux-ci sont regroupés par grand thème d'activité.

Le but est de communiquer les décisions de l'entreprise, de présenter le programme Qualité et de définir ce que l'entreprise attend de ses fournisseurs.

Dans un second stade, des visites seront organisées chez les fournisseurs par un groupe de spécialistes (Assurance Qualité, Achats, Méthodes) pour analyser en commun et dans un esprit préventif :

— Le plan d'action Qualité du fournisseur
— Les résultats obtenus, ceux escomptés
— L'assistance dont le fournisseur peut avoir besoin de la part de l'entreprise
— Le projet à long terme qui vise dans un premier temps à réduire les taux de défauts au contrôle réception, puis dans un deuxième temps à remplacer progressivement ce contrôle de réception par des audits d'autant plus espacés que le niveau de confiance client-fournisseur est plus élevé.

La situation ultime, idéale, est celle où tout contrôle de réception par l'entreprise serait supprimé, et l'état de confiance instauré (contrôles intégralement assurés par le fournisseur).

1 - 2 - 4 — *Continuité de la formation*

Nous avons insisté sur le fait que la formation Qualité est permanente. Elle se fait par vagues successives : à un programme d'éducation succède un second puis un troisième, etc.

Mais il est primordial de s'assurer que la première vague a bien pénétré tous les secteurs de l'organisation et toute l'échelle hiérarchique avant de déclencher la seconde. La périodicité peut être de deux ans, voire plus, pour une assimilation par toute la population.

La mesure de la pénétration se fait, sur un plan purement quantitatif, par l'établissement d'un bilan périodique du nombre de personnes éduquées aux différents niveaux de l'organisation. Nous verrons dans les chapitres suivants comment raffiner cette mesure à partir d'études d'opinion (adhésion du personnel, etc.)

Il importe de ne jamais perdre de vue que la formation formelle dispensée dans les cours ou séminaires serait vaine sans le relais de la formation informelle — mais combien efficace — qui se fait sur le terrain dans le travail de tous les jours. C'est par l'information, l'explication, l'exemple, que la formation Qualité finit par enraciner les idées clés dans tous les esprits, à tous les échelons.

Les programmes successifs de formation, dès lors qu'ils ne sont pas des programmes de maintenance, doivent avant tout tenir compte des nouveaux concepts, méthodes et outils qui sont développés au cours du temps. S'il s'avère par exemple, à partir de l'expérience acquise et des résultats obtenus, que la façon la plus efficace de continuer à améliorer la Qualité est de mettre l'accent sur le management des processus, on incorporera dans la nouvelle vague d'éducation les méthodes et outils qui permettent la sélection, l'analyse, la mesure et le contrôle des processus.

Le tableau n° 26 suggère à titre d'exemple un programme n° 2.

REMARQUE : La formation spécifique Qualité ne doit durer qu'un temps. Elle déclenche et accompagne le mouvement, le changement. Au terme de quelques années, elle doit s'intégrer dans les programmes de formation classique, la formation professionnelle de l'entreprise.

Tableau n° 26

PROGRAMME DE FORMATION N° 2
EXEMPLE

1 — Stratégie et orientations qualité de l'entreprise (rappel)
  • Résultats Qualité
  • Bilan
2 — Management des processus
  • Sélection
  • Définition
  • Analyse
  • Mesure
  • Contrôle
3 — Mesure de la satisfaction client (interne ou externe)
  • Enquêtes de satisfaction
  • Études d'opinion
  • Contrats de service
  • etc.

1 - 3 — PROJETS D'AMÉLIORATION DE LA QUALITÉ

Une façon pratique, pour la direction générale et l'encadrement en général, de démontrer leur engagement personnel, est de consacrer un temps donné par mois (plusieurs heures) à la Qualité. Ce temps peut se partager entre l'animation de Comités Qualité et le parrainage de "Projets d'Amélioration de la Qualité".

Ceux-ci sont des thèmes ou zones d'activités susceptibles d'amélioration de la Qualité. Examinons successivement la sélection et la conduite de ces projets.

1 - 3 - 1 — *Sélection des Projets d'Amélioration de la Qualité (P.A.Q.)*

Il est essentiel de définir des critères objectifs pour la sélection de projets. Nous proposons ici quatre champs pour la sélection :
  • Les objectifs socio-économiques de l'entreprise, tels que définis chaque année par la direction générale.

- La satisfaction des clients. Des enquêtes de satisfaction permettent de noter des points faibles ou à améliorer.
- Les gisements de la Qualité, tels qu'ils peuvent apparaître par l'évaluation du coût d'obtention de la Qualité, de la méthode de description et d'analyse d'activités (D.A.A. — voir chap. 3) ou de toute autre méthode.
- Les menaces visant l'entreprise, telles que définies par l'analyse de la concurrence ou de l'environnement de l'entreprise.

Les objectifs socio-économiques de l'entreprise

Ceux-ci sont généralement définis sous forme d'objectifs prioritaires pour l'année ou les 2 années en cours et à venir.

Par exemple, l'augmentation de la part de marché pour un produit donné pourra inclure des projets du type développement et amélioration des échanges avec les clients :

— réponse au courrier client,
— réponse aux appels téléphoniques client.

De même, l'amélioration de la communication au sein de l'entreprise peut donner lieu à un projet d'amélioration de la qualité de la diffusion des informations, au sein de l'entreprise, verticalement et horizontalement.

Ou encore, l'amélioration de la profitabilité de l'entreprise pourra donner lieu à des projets d'amélioration de la qualité sur les frais financiers liés aux avoirs, surinventaires, en-cours, etc.

La satisfaction des clients

Des études de satisfaction clients peuvent être faites sur le plan des matériels, de leur documentation, de l'action commerciale, de leur distribution, des services après-vente, etc.

Un certain nombre de conclusions peuvent être tirées, permettant d'améliorer la qualité des ventes, de l'entretien, des matériels.

La qualité des notices d'emploi ou d'entretien peuvent être des sujets de P.A.Q.

On pourra segmenter par catégorie de clients, zones géographiques, types de produits ou services, pour identifier les points faibles et établir des plans d'amélioration de la qualité.

Les gisements de la Qualité

Le coût d'obtention de la Qualité permet d'identifier des gisements de "non qualité" pour l'entreprise, pas uniquement au niveau des ateliers de production.

Certains fichiers de l'entreprise sont "pollués", leur qualité peut être améliorée.

La qualité du fichier adresses clients est un exemple de projet possible. En effet, des litiges provenant de factures impayées à cause d'adresses incorrectes entraînent des activités de contentieux et des frais financiers.

Les menaces pour l'entreprise

Enfin, l'identification des menaces pour l'entreprise, définie par une bonne analyse de la concurrence, permet de redéfinir des objectifs qualité du type : extension des modalités de la période de garantie. L'extension des garanties peut être coûteuse pour l'entreprise si elle opère par des essais et tris additionnels ; elle peut être tout à fait abordable si elle se réalise par l'amélioration des processus ou la conception de processus nouveaux.

1 - 3 - 2 — La conduite des projets d'amélioration de la qualité

Le responsable du projet n'est généralement pas opérationnellement responsable de toutes les activités qui concourent à la réussite du projet. Il est essentiel qu'il s'entoure donc d'un comité représentant les principales fonctions, parties prenantes du projet.

Les principales étapes du projet seront :

- la définition du projet aussi précise que possible et exprimée en termes quantitatifs,
- l'acquisition de données,
- la mesure de la qualité,
- l'analyse des causes de non qualité,
- la recherche et l'élimination des causes de non qualité,
- le suivi des indicateurs qualité permettant de vérifier que le processus est sous contrôle,
- l'extension à d'autres projets analogues dans l'entreprise.

Si le projet est trop important, le responsable du projet, avec son comité, segmentera en sous-projets, en ayant toutefois soin d'éviter les suboptimisations.

Chacun des sous-projets pourra donner lieu à un Groupe d'Amélioration de la Qualité.

On veillera dans tous les cas à identifier des projets dont on peut mesurer les effets en termes quantitatifs.

1 - 4 — COMMUNICATIONS

Le programme Qualité, projet mobilisateur de l'entreprise, doit donner lieu à des actions de communication interne et externe.

1 - 4 - 1 — Communications intérieures

— Il est essentiel que les résultats soient visibles. Un certain nombre d'indicateurs qualité, notamment ceux faisant l'objet d'un objectif zéro-défaut, doivent être affichés dans les lieux de travail (atelier, service administratif, etc.).

Les objectifs intermédiaires et ultimes doivent être visibles et les résultats exemplaires ou exceptionnels (nouveautés, records, etc.) doivent faire l'objet de publications internes et de présentations au management.

On pourra par exemple sélectionner mensuellement le meilleur résultat qualité par service, ou l'action individuelle la plus marquante. C'est en effet une vérité première que les motivations pour l'action sont directement liées au fait que l'acteur en perçoit l'impact.

— Par ailleurs, la direction générale et l'encadrement chercheront à focaliser les actions dans certaines directions privilégiées. Ils utiliseront des moyens audiovisuels pour ce faire (film, vidéocassette, diaporama, éditorial, etc.).

Il est essentiel de garder une vue systémique pour ne pas tomber dans des suboptimisations locales, et de recentrer périodiquement les actions Qualité vers les objectifs socio-économiques et de l'entreprise.

— Des affiches conçues pour symboliser la Qualité seront périodiquement placées sur les lieux de travail : le travail en groupe, l'excellence individuelle, le service au client, la relation client-fournisseur, le zéro-défaut, la prévention, etc.

— Un plan communications internes Qualité sera établi et revu par le Comité Qualité.

1 - 4 - 2 — Communications extérieures

Elles ont pour but de projeter l'image objective que l'entreprise est une entreprise de qualité. Cette communication revêt plusieurs aspects :
* communication avec les fournisseurs de l'entreprise,
* communication avec les clients de l'entreprise,
* communication avec les mass media,
* communication avec les associations professionnelles,
* communication avec les communautés locales et les pouvoirs locaux et nationaux.

L'entreprise doit également établir son plan de communications extérieures pour la Qualité et s'attacher à baser son information vers l'extérieur sur des faits concrets.

1 - 5 — RECONNAISSANCE DES MÉRITES

Deux cas peuvent exister :

— ou bien l'entreprise crée des programmes spéciaux de reconnaissance des mérites pour la qualité,
— ou bien l'entreprise utilise les programmes existants.

Les deux cas présentent des avantages et des inconvénients que nous avons résumés dans le tableau n° 27 :

Tableau n° 27

MODE	AVANTAGES	INCONVÉNIENTS
1. Programmes spéciaux	La qualité est mise en vedette	La qualité reste quelque chose de spécial
2. Programmes existants	La qualité fait partie du comportement quotidien souhaité	La qualité n'est pas mise en vedette

On pourrait donc dire qu'au début du programme qualité, le mode 1 est souhaitable ; lorsqu'il est arrivé à maturité, le mode 2 est souhaitable.

Nous préférons toutefois le mode 2 : il est cohérent avec le fait que la Qualité est un programme à long terme et en profondeur, et que nous voulons éviter les campagnes de motivation qui évoquent le "court terme".

La reconnaissance des mérites sera assortie de visibilité afin d'être incitative et de montrer l'intérêt que le management porte à la Qualité.

Elle revêtira un aspect financier ou non. Notre expérience nous montre, comme au Japon, que la reconnaissance non financière des mérites est très bien reçue dans nos pays. Cependant, dans une entreprise qui a des programmes de reconnaissance des mérites avec avantages pécuniaires, ceux-ci doivent également être utilisés au titre de la Qualité, faute de quoi certains employés pourraient à tort déduire que la Qualité n'est pas la priorité du management.

Enfin la reconnaissance des mérites peut et doit dépasser les frontières de l'entreprise. Dans de nombreux pays des associations professionnelles décernent des prix ou organisent des sessions inter-entreprises d'information.

Le tableau n° 28 indique quelques exemples de moyens de reconnaissance des mérites.

Tableau n° 28

RECONNAISSANCE DES MÉRITES QUALITÉ
• Moyens classiques : — Les suggestions primables — Primes, cadeaux, etc — Invitations à des manifestations Remarque : On étendra au groupe l'accessibilité aux récompenses classiques, le groupe étant considéré comme une personne. • Moyens particuliers à la Qualité : — La présentation au management par un groupe — Le voyage d'un groupe (visite de son usine cliente) — Remise d'un prix ou d'une coupe Qualité, etc — Remise d'un objet utilitaire marqué d'un signe distinctif — Etc.

1 - 6 — OBJECTIFS QUALITÉ

S'il est essentiel pour tout responsable de mesurer l'évolution du mouvement Qualité, il est préalablement de la responsabilité du management à tous les niveaux de fixer des objectifs Qualité.

On peut évaluer le progrès du mouvement Qualité dans 4 domaines :

1 - 6 - 1 — *La satisfaction des clients*

La satisfaction des clients internes et externes se mesure de façon pseudo-quantitative par le jeu d'études de satisfaction.

Tel centre informatique d'entreprise pourra mesurer la satisfaction des utilisateurs (au terminal sur une base périodique par échantillonnage ou non).

Tel service travaux et installations dans une usine pourra mesurer la satisfaction des ateliers considérés comme des utilisateurs de m^2, d'électricité, de gaz comprimé, etc.

Tel service de livraison ou de distribution pourra mesurer la satisfaction de clients externes sur la base de la ponctualité, de la qualité du produit à la livraison (nombre, gravité des incidents).

Tel service administratif ou technico-commercial pourra mesurer la qualité de son service aux clients externes en termes de factures exactes ou de documentations exactes, de respect de dates d'envoi, etc.

La satisfaction des clients est la source d'un grand nombre d'indicateurs élémentaires ou composites.

1 - 6 - 2 — L'adhésion du personnel au programme Qualité

Le mouvement Qualité, dès lors que la direction générale a lancé le mouvement, dépend du niveau d'adhésion du personnel. Une façon de mesurer ce niveau, et surtout de suivre son évolution, est de procéder périodiquement à des études d'opinion (tous les ans ou tous les 2 ans, par exemple). Il s'agit autant de mesurer le progrès en début de programme que de détecter les érosions en cours de programme.

Il s'agit aussi de détecter les catégories socio-professionnelles ou les fonctions de l'entreprise, qui seraient moins engagées, et de rechercher les causes et les remèdes (éducation, outils de travail, reconnaissance des mérites mal adaptés, attitude du management, charge de travail, etc.).

1 - 6 - 3 — La publication des résultats marquants

Dans chaque fonction de l'entreprise, les actions Qualité conduisent à la réalisation de faits marquants. Ce sont par exemple :
— des résultats nettement supérieurs aux résultats attendus,
— des résultats nettement supérieurs en gains (financiers, de personnel, de m², etc.) aux dépenses encourues,
— des résultats qui n'étaient pas attendus, etc.

Ces résultats marquants étant la preuve de la vitalité du programme Qualité dans le secteur considéré, le management devra donc s'attacher à mesurer cette vitalité par le nombre et la valeur des résultats marquants par unité de temps.

1 - 6 - 4 — Les principaux indicateurs de marche des affaires

Pour chaque fonction de l'entreprise, un certain nombre d'indicateurs de marche des affaires permettent d'évaluer les risques que la fonction peut faire encourir à la bonne marche de l'entreprise.
Nous les appellerons indicateurs de gestion.

Les indicateurs revus au niveau le plus élevé doivent permettre par leur évolution d'évaluer l'impact du mouvement Qualité et sa cohérence avec les objectifs socio-économiques de l'entreprise. Comment penser en effet qu'un certain nombre de projets d'amélioration de la Qualité ou d'actions qualité ne puissent ou ne doivent être conçus précisément pour influencer favorablement certains indicateurs de gestion défaillants ou insuffisants.

Ces 4 domaines conduisent à des indicateurs Qualité pour lesquels chaque manager dans son service doit se fixer et atteindre des objectifs. Le manager procédera :

1. à la création de nouveaux indicateurs Qualité et fixation des premiers objectifs.
2. au suivi d'indicateurs existants et pour certains d'entre eux révision des objectifs sur une base périodique (par exemple : après 6 mois de stabilité vis-à-vis d'un objectif donné).

Cette approche zéro-défaut s'appliquera à certains d'entre eux seulement, lorsque le nombre d'indicateurs à suivre pour une même personne est grand.

En effet, plus le nombre d'indicateurs à suivre par personne est grand, plus la personne est portée à ne prendre que des actions correctives vis-à-vis des indicateurs reflétant une situation hors contrôle. Le management identifiera de la façon la plus participative possible avec son personnel les indicateurs pour lesquels une action zéro-défaut est nécessaire.

1 - 7 — PLAN QUALITÉ

Le plan Qualité est la synthèse d'un certain nombre d'activités précédemment décrites :

— Objectifs Qualité principaux........
          . satisfaction client
          . adhésion du personnel
          . vitalité du programme Q
          . indicateurs de gestion
— Éducation Qualité
— Communication Qualité
— Reconnaissance des mérites pour la qualité

La direction Qualité proposera des lignes directrices à la direction générale. Celles-ci seront envoyées aux principaux responsables opérationnels, à charge pour eux d'établir leur plan Qualité à l'intérieur de leur plan global d'activités.

Ce plan devra comporter un narratif et un certain nombre d'objectifs quantitatifs avec les ressources associées (personnel, investissements, surfaces, etc.).

1 - 8 — CONCLUSION

L'engagement du management est la clé du succès. Il est nécessaire tant pour le démarrage d'actions nouvelles que pour la poursuite à bonne fin des actions en cours.

Il se mesure, en dernier ressort, au temps passé par le management lui-même. On ne saura jamais trop répéter cela.

2 — ACTIONS DU PERSONNEL

INTRODUCTION

Le concept Gestion Totale Qualité tel que nous l'avons décrit, modifie profondément les modes opératoires et relationnels au sein de l'entreprise.

1. Il étend à toutes les fonctions la notion de Qualité (jusqu'alors limitée aux fonctions directement en relation avec les produits). L'introduction dans les fonctions administratives de la notion de qualité de service ou "serviceabilité", d'indicateurs Qualité, du contrôle continu des processus, de la mise en place de plans d'amélioration, est significative à cet égard.

2. Il développe le travail en groupe qui, intensifié, systématisé, entraine :
   — un style de management nouveau axé sur la participation, l'écoute du personnel, la recherche du consensus, davantage de pouvoirs distribués.
   — l'adhésion du personnel aux projets stratégiques de l'entreprise.
   — la résolution des problèmes endémiques de l'entreprise jusque là non traités par l'organisation classique (faute de temps !)

3. Il introduit un mode relationnel nouveau au sein de l'entreprise, basé sur la relation client-fournisseur, qui concourt à l'optimisation des processus techniques et administratifs.

Touchant l'ensemble du personnel, le mouvement Qualité éloigne l'entreprise du modèle Taylorien et rassemble ses membres autour d'une volonté de progrès partagée par tous. Il se fonde sur une action de masse, faisant appel aux ressources de chacun pour améliorer.

L'adhésion du personnel, comme nous l'avons déjà vu, s'exerce selon quatre directions essentielles que nous rappelons :

1. le travail en groupe
2. les objectifs personnels
3. la relation client-fournisseur
4. l'autocontrôle

Il est utile de préciser ce que revêt chacun de ces modes d'adhésion.

2 - 1 — LE TRAVAIL EN GROUPE

2 - 1 - 1 — Les 2 types de groupe

L'efficacité du travail en groupe n'est pas une découverte nouvelle. De longue date, il est connu que le résultat global du groupe vaut plus que la somme des résultats individuels. Ceci est particulièrement vrai pour les activités de conception ou de résolution de problème — la créativité du groupe est supérieure au cumul de la créativité de chacun des membres.

Il est connu également que le travail en groupe facilite l'expression, favorise la participation, qu'il fait jaillir des idées originales de grand intérêt et qu'en fin de compte il apporte à chacun de ses membres une satisfaction, celle de mieux se réaliser sur le plan personnel.

Un des objets du programme Qualité est de tirer partie des avantages du travail en groupe dans l'intérêt partagé de l'entreprise et du personnel :

- accroissement de la puissance de réflexion,
- potentiel de créativité,
- satisfaction du personnel,

et ceci de façon organisée, méthodique, intensive.

La force vive qui en découle est canalisée vers la réalisation des objectifs vitaux de l'entreprise — économiques et sociaux.

Pour ce faire, le programme Qualité propose deux types de groupe, volontairement distincts dans leur définition, leurs règles, leur mode de fonctionnement. Bien qu'ayant la même finalité, c'est-à-dire l'amélioration des processus tous azimuts, leur complémentarité conduit à une large adhésion, ainsi qu'à des résultats (tangibles et intangibles) couvrant le court terme et le long terme. Il s'agit :

1. Des Cercles de Qualité (C. Q.)
2. Des Groupes d'Amélioration de la Qualité (G. A. Q.)

2 - 1 - 2 — Caractéristiques comparées

Le tableau n° 29 donne la définition de l'un et l'autre des deux types de groupe et permet une comparaison directe quant au mode de fonctionnement et aux résultats escomptés.

Les caractéristiques essentielles peuvent se résumer comme suit :

Cercle de Qualité (C.Q.)

Il correspond à :
- une force de proposition du personnel à l'intérieur de l'unité hiérarchique ;
- un mode de fonctionnement répondant à des règles strictes ;
- un champ d'activités limité (le service, voire la fonction).

Ce type de groupe est, par définition, permanent. Les membres travaillent ensemble pour une durée indéfinie et résolvent l'un après l'autre les problèmes choisis. L'expérience ainsi acquise dans les méthodes de travail en groupe leur confère une efficacité qui va croissant avec le temps.

Groupe d'Amélioration de la Qualité (G.A.Q)

Il correspond à :
- une force de proposition du management
- un mode de fonctionnement très souple
- un champ d'activités large (interfonctionnel, voire interétablissement).

Ce type de groupe est donc à vocation temporaire car il suppose la sélection d'experts pour traiter un sujet donné.

L'intérêt de développer les deux types de groupe, complémentaires dans leur définition, réside globalement dans l'obtention simultanée d'améliorations importantes sur le plan économique et sur le plan relations humaines. Et ceci dès le début du programme Qualité ; les C.Q. apportant des résultats plus rapides dans le domaine des relations humaines et les G.A.Q. des résultats plus rapides dans le domaine économique.

Tous deux correspondent à un investissement *Prévention* de grande efficacité.

Tableau n° 29

DÉFINITION DES GROUPES

	GROUPE D'AMÉLIORATION DE LA QUALITÉ (G.A.Q.)	CERCLE DE QUALITÉ (C.Q.)
Animateur	Le Manager qui décide de créer le G.A.Q. Le manager ou le spécialiste désigné pour diriger le G.A.Q.	Le Manager des membres du C.Q.
Membres du Groupe	Désignés (parfois volontaires) Peuvent appartenir à des unités fonctionnelles différentes et à des niveaux hiérarchiques différents	Tous volontaires Appartiennent tous à la même unité de travail (service-fonction)
Choix du sujet	Décidé par le Management	Décidé par le Groupe (consensus)
Utilisation des méthodologies et outils	Libre (mais recommandée)	Imposée (voir chapitre Groupes de travail)
Formation : — Animateurs — Membres	Libre (mais recommandée) Libre	Préalable nécessaire à la création du Groupe Par l'animateur
Durée	Le temps de la résolution du problème	Illimitée (le groupe attaque successivement les problèmes qu'il a identifiés)
Périodicité des réunions	Variable suivant les besoins	Fixée (1 heure par semaine en principe)
Domaine d'activité	Large - Pas de limitation (intra ou interfonctionnel)	Limité à l'unité de travail du Groupe (intra fonctionnel)
Objectifs	Fixés par le Management (participation du Groupe)	Fixés par le Groupe (consensus)

2 - 1 - 3 — *Action du Manager*

Pour les raisons que nous venons d'évoquer, pratiquer le travail en groupe est une forme d'adhésion au programme Qualité très positive. Le manager se doit de la développer :

— En créant dans son unité un climat favorable à l'éclosion des C.Q. Il s'attachera à en montrer l'intérêt, tant pour l'individu que pour l'entreprise, à partir d'expériences vécues, de cas exemplaires.

Le mouvement des Cercles de Qualité étant basé sur le volontariat le manager ne peut être qu'incitatif. En aucun cas il ne devra se montrer directif et déclarer « Je crée un C.Q. et je veux traiter tel sujet ». Cette attitude serait de nature à désorienter le mouvement qui se veut libre, spontané, responsable au plan individuel.

— En prenant par ailleurs des décisions qui lui sont propres au sein de son unité. Le manager, ayant fait le bilan Qualité de son domaine, c'est-à-dire identifié les opportunités d'amélioration, peut prendre l'initiative de créer un G.A.Q. pour traiter le sujet prioritaire. Il choisira pour ce faire les collaborateurs qui répondent aux profils adéquats et fera appel à des compétences extérieures si nécessaire.

Comme on le voit, toute latitude est donnée au manager pour organiser le G.A.Q. comme il le souhaite (choix du sujet, des participants, du calendrier, du mode opératoire). Le développement des G.A.Q. dans son domaine ne dépend donc que de lui. Ceux-ci, étant destinés à réduire un taux de défauts ou à améliorer une performance (du produit, du processus, du service), conduiront à l'acquisition de données et à la mise en place d'indicateurs Qualité.

Le rôle du manager est alors d'informer, de sensibiliser et mobiliser les membres de son organisation autour de ces indicateurs, véritables révélateurs des progrès accomplis.

Il est également du rôle des managers de dissiper au plus vite les malentendus qui peuvent se développer en début de programme au sujet de la terminologie des groupes. Le personnel doit se reconnaître sans ambiguïté dans son appartenance à tel ou tel Groupe. Les G.A.Q. et les C.Q. ont pour mission commune de mener une action de type préventif, de réaliser des améliorations par rapport à une situation antérieure connue, d'empêcher qu'un problème résolu ne resurgisse. En un mot, de s'attaquer à ''l'entreprise fantôme'' et de réduire le Coût de la Non-Qualité de l'entreprise tel que nous l'avons défini.

D'autres types de groupe existent à coté du mouvement Qualité. Ce sont par exemple les ''task-force'' qui traitent des problèmes urgents en temps de crise ou les groupes de travail exceptionnels corrigeant une situation qui a dérivé pour la ramener à l'état antérieur. Dans les deux cas, l'urgence implique la *réaction* plutôt que la *prévention*. En termes imagés, ces types de groupes agissent à la manière des pompiers pour éteindre un incendie (mode réactif) alors que les G.A.Q. et les C.Q. visent à prévenir l'incendie en installant des extincteurs automatiques.

Le schéma n° 30 aide à mieux comprendre la distinction :

Schéma n° 30

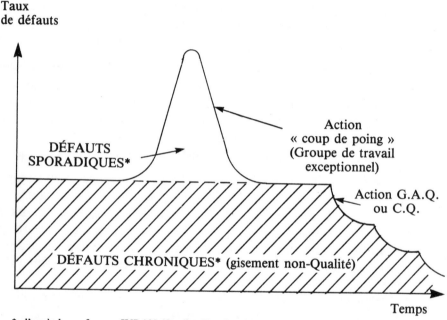

* d'après le professeur JURAN (Quality Handbook)

2 - 1 - 4 — *Organisation spatiale et temporelle*

Un aspect moins connu du travail en groupe et pourtant fondamental réside dans son rôle vis-à-vis de l'organisation de l'entreprise.(schéma n° 30 bis).

L'entreprise est organisée de façon classique, sur le mode spatial, c'est-à-dire que tout employé y est localisé :
— position hiérarchique (position dans l'organigramme)
— position géographique (territoire de vente, atelier, bureau, etc..)
— position fonctionnelle (mission, description de poste, objectifs)
Dès lors que l'employé n'est pas au niveau le plus élémentaire d'éxécu-

Schéma n° 30 bis

ORGANISATION SPATIALE ET TEMPORELLE

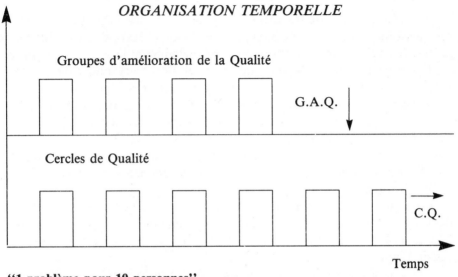

ORGANISATION TEMPORELLE

Groupes d'amélioration de la Qualité

G.A.Q.

Cercles de Qualité

C.Q.

Temps

"1 problème pour 10 personnes"

ORGANISATION SPATIALE

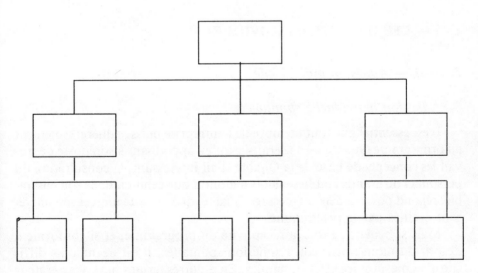

"10 problèmes pour une personne"

tion, il est confronté simultanément à la résolution de nombreux problèmes. Il les place en séquence, par un choix arbitraire de priorité, de goût ou de compétence.

C'est ainsi que des problèmes identifiés, restent en dessous de la pile, jour après jour, car il y a chaque jour plus important à traiter.

Dans les groupes de travail, G.A.Q. ou C.Q., les employés se réunissent périodiquement pour traiter, sur un mode préventif, un problème à la fois. Il s'agit souvent des problèmes précédemment laissés pour compte.

Cette organisation ''temporelle'' permet ainsi de résoudre des problèmes que l'organisation ''spatiale'' est impuissante à régler.

Superposer à l'organisation ''spatiale'' nécessaire une organisation ''temporelle'' légère, puisqu'elle représente dans la plupart des cas moins de 3 % du temps travaillé (1 h/semaine représente moins de 3 % du temps travaillé), donne à l'entreprise un nouveau moyen d'être efficace en lui permettant de faire face de façon plus exhaustive aux problèmes auxquels elle est confrontée.

On s'étonne en effet qu'au Japon on dépose plus de brevets qu'en Occident. Les boîtes à idées ou programmes de suggestions y donnent naissance à 10 fois plus d'idées nouvelles qu'en Occident et on y choisit les meilleures de façon rationnelle.

Les statistiques sont là pour nous rappeler qu'on a plus de chance de trouver 1 bonne idée sur 1 000 idées que sur 100 idées. Et le bon sens est là pour nous confirmer qu'une seule idée géniale prise parmi les 900 supplémentaires, peut faire irréversiblement la différence entre deux entreprises.

2 - 2 — LES OBJECTIFS INDIVIDUELS

2 - 2 - 1 — *Adhésion individuelle*

Adhésion individuelle spontanée

Il est essentiel que tout membre de l'entreprise puisse adhérer isolément au programme Qualité — ne serait-ce qu'en appliquant à son poste de travail les concepts de base de la Qualité. Fait intéressant, la consultation du personnel de grands établissements a montré que celui-ci, dans son ensemble, répond positivement au message Qualité, que son attention et son intérêt sont éveillés par le programme.

Mais si bénéfique soit la réceptivité du programme, et si conforme à l'esprit du mouvement soit l'adhésion spontanée, il est néanmoins difficile d'en mesurer les effets tangibles. En d'autres termes, un collaborateur peut se déclarer partisan du programme Qualité et ne pas évoluer réellement dans sa manière de faire de tous les jours. Plus engagé, un autre peut déclarer mettre en pratique les concepts de base et ne présenter aucun changement dans ses résultats, performances et comportements. Signe d'une mauvaise assimilation ? ou de mauvaises conditions d'application ? Toute évolution demeure à ce stade difficile à contrôler.

Adhésion individuelle provoquée

Une façon plus positive d'adhérer sur un plan individuel est de manifester concrètement son intérêt et d'apporter sa contribution effective aux projets d'amélioration de la Qualité de son service ou de sa fonction. Les indicateurs créés pour traduire le niveau de Qualité du service ou du produit fourni sont d'excellents stimulants à cet effet.

C'est pourquoi les indicateurs clés doivent être rendus visibles de tous. Chaque collaborateur doit pouvoir suivre l'évolution des résultats auxquels il s'associe. Les indicateurs, pour ce faire, figureront sous la forme de graphiques, sur des panneaux si possible normalisés et frappés du sigle Qualité, placés sur les lieux de fréquentation élevée.

Pour maintenir l'intérêt, pour associer et faire participer, le rôle du manager consiste à commenter les résultats obtenus, à mentionner, et à reconnaître l'apport personnel de chacun. C'est ainsi que se développe l'adhésion individuelle.

2 - 2 - 2 — Objectifs individuels

Une méthode plus générale, mais cette fois mesurable est la fixation d'objectifs individuels. Bien comprise et bien appliquée elle peut faire progresser l'adhésion rapidement, permettant en outre au management de suivre l'évolution ou la pénétration du programme Qualité.

La méthode préconisée, qui est en application dans certains établissements, est basée sur le principe de l'entretien annuel systématique — en tête à tête — du collaborateur avec son manager.

Cet entretien consiste en une exploration de la contribution et des apports de l'intéressé au programme Qualité :
— Bilan de l'année écoulée
— Perspectives pour l'année à venir : fixation ou proposition d'objectifs Qualité individuels retenus d'un commun accord.

Nous indiquons ci-dessous, à titre d'exemple, des objectifs s'appliquant aux managers et des objectifs s'appliquant aux collaborateurs.

2 - 2 - 3 — Objectifs pour managers

Le manager est responsable du management des personnes et du management des opérations.

Il est de la responsabilité de tout manager, dans le cadre du management des personnes, d'assurer l'évolution de son personnel vers la « Gestion Totale Qualité » au même titre qu'il est de sa responsabilité d'assurer la formation professionnelle, l'organisation du travail, les communications, l'utilisation des ressources de la façon la plus efficace, etc.

C'est au regard de cette responsabilité que les objectifs lui seront fixés par son supérieur hiérarchique, de façon formelle.

Ses objectifs porteront par exemple sur :
— La sensibilisation de son personnel à la Qualité.
— Le programme d'éducation Qualité.
— Sa contribution à un ou plusieurs grands projets d'amélioration de la Qualité de l'entreprise.
— Le développement des G.A.Q (politique volontariste) et des C.Q (action incitative) dans son domaine.
— L'établissement de moyens facilitant le travail en groupe.
— La mise en oeuvre des méthodologies de résolution de problèmes, la formation aux outils statistiques.

Dans le cadre du management des opérations, les objectifs fixés au manager pour une période donnée comporteront désormais, et à chaque fois que possible, un niveau de Qualité.

Pour le chef de la comptabilité par exemple, à l'objectif vague du type « Paiement des factures selon le règlement en vigueur » on préférera un objectif quantitatif, précis, qui s'inscrit dans une démarche vers le zéro-défaut :

« 95 % des factures réglées en conformité avec les règles de délai établies. Un mois maximum de retard pour les 5 % restants, etc. »

2 - 2 - 4 — *Objectifs pour collaborateurs*

Tout collaborateur non-manager est responsable de ses propres opérations.

Le manager introduira chaque fois que possible un niveau Qualité dans les objectifs qu'il lui fixe. Il évitera d'énumérer à sa secrétaire : « Vous êtes responsable du classement, du téléphone, de la frappe, de l'agenda, des visites, » etc.. mais lui précisera « Au sujet des documents confidentiels votre objectif est un sans-faute ; vous devez être en mesure de présenter tout document confidentiel à toute demande ou d'indiquer où il se trouve. Etc. »

Au-delà des objectifs fixés, chaque collaborateur peut proposer un objectif personnel. C'est une contribution à l'effort Qualité qu'il a à coeur d'apporter. Celle-ci recevra l'agrément du manager avant d'être formalisée.

Cette proposition d'amélioration peut se manifester sous de multiples aspects :
— C'est le retardataire invétéré qui s'engage à être ponctuel
— C'est l'opérateur, au fait des moindres symptômes de panne de son équipement, qui propose de réduire de moitié le temps d'arrêt de cet équipement.
— Etc.

Ceci suppose qu'un entretien formel périodique ait lieu entre le manager et son collaborateur.

2 - 2 - 5 — *Déroulement d'un entretien*

L'entretien doit être un exemple de management participatif :

— Il s'agit d'un échange, d'une communication à deux où chacun écoute et s'efforce de comprendre l'autre.
— Ce dialogue conduira à des actions, des engagements et non à des souhaits.
— Les jugements et appréciations reposeront de part et d'autre sur des faits et non sur des opinions.
— Les objectifs, qu'ils soient fixés ou proposés, doivent être compris et acceptés de part et d'autre. Ils seront clairement exprimés, factuels et quantitatifs.

2 - 3 — LA RELATION CLIENT-FOURNISSEUR (R.C.F)

''Gestion Totale de la Qualité'', nous l'avons vu, signifie entre autres choses le développement de la relation client-fournisseur à l'intérieur de l'entreprise. Toute entité fonctionnelle — un service par exemple — doit identifier ses clients et satisfaire leurs besoins. Le cas extrême (ou la cellule minimale) est celui de l'opérateur sur une chaine de fabrication, qui a son client (l'opérateur ou le poste en aval) et son fournisseur (l'opérateur en amont).

L'entreprise peut ainsi être décrite comme un ensemble de cellules de plus en plus complexes jusqu'à constituer l'entreprise tout entière. Chaque cellule, quel que soit son niveau, applique les mêmes principes de la relation client-fournisseur.

Nous reviendrons en détails sur cette relation dans un chapitre ultérieur.

Ce que nous voulons exprimer à propos de l'adhésion est l'idée suivante : le réseau maillé qui se crée dans l'entreprise à partir de cette relation client-fournisseur, s'il est solidement tissé par de nombreux acteurs, s'il libère les tensions internes, s'il élimine les causes d'erreurs et d'anomalies, s'il améliore les communications, ce réseau joue un rôle de premier plan dans l'amélioration de la Qualité des processus. Il transforme l'entreprise en un système fonctionnellement cohérent à partir d'un ensemble d'acteurs (sous-groupes, ateliers, laboratoires, etc) dont la simple juxtaposition serait une source de dysfonctionnements nombreux. Il favorise l'élimination des suboptimisations fâcheuses.

Les méthodologies qui découlent de la relation client-fournisseur (et que nous décrirons plus loin) permettent en outre :
— d'évaluer le coût de la Qualité de toute entité fonctionnelle ou opérationnelle ; d'en connaitre les composantes quantifiées ; d'établir en conséquence le plan Qualité de l'Unité
— de clarifier le fonctionnement de l'organisation et de "dépolluer" les processus

Pratiquer la relation client-fournisseur au niveau individuel ou collectif, mettre en œuvre ses méthodologies, n'est-ce-pas un mode d'adhésion personnelle au programme Qualité ?

2 - 4 — L'AUTOCONTROLE

2 - 4 - 1 — *Position du Problème*

Considérons une chaîne de fabrication complexe. Un procédé de semi-conducteurs par exemple. Il comporte plusieurs centaines d'étapes différentes, chacune d'elles correspondant à une opération bien définie. Celle-ci doit être exécutée sans erreur sous peine de voir le produit continuer son chemin pour être tôt ou tard rejeté ou recyclé.

- Imaginons un travail presque parfait à chaque étape :
  une pièce défectueuse sur 100 par exemple, soit un rendement de 99 %. Le rendement en fin de ligne sera, dans ces conditions, quasiment nul.
- Imaginons maintenant que, suite à une erreur aléatoire commise à l'étape n du procédé, toutes les pièces du lot soient affectées d'un défaut majeur et que ce défaut ne soit détecté qu'à l'étape $n + p$. La perte nette de productivité, due à la non détection du problème à son origine, correspond à la valeur ajoutée entre l'étape n et l'étape $n + p$.
  Cette perte peut être considérable, d'autant plus que l'écart p est grand et que l'on se situe dans les dernières étapes.
- Supposons maintenant que la cause du défaut aléatoire de l'étape n n'ait pas pu être identifiée (ou qu'on ne l'ait pas recherchée). Chaque lot qui passe à cette étape a une probabilité de devenir défec-

tueux, et de n'être détecté comme tel qu'à l'étape n + p. Ce sont des pertes qui se cumuleront jusqu'à ce que la cause de l'erreur de l'étape n soit éliminée.

Ces exemples, bien que schématiques, démontrent l'intérêt vital d'obtenir un travail sans défaut à chaque étape du procédé, d'éliminer les causes de défaut à leur source, là où elles sont générées.

2 - 4 - 2 — *Extension à tous les processus*

Ces conclusions s'appliquent en fait à tout processus dès lors qu'il se décompose en un ensemble d'étapes ou de cellules à caractère répétitif avec des entrées, des sorties, une valeur ajoutée bien définies.

C'est le cas des chaînes d'assemblage, qu'il s'agisse de sous-ensembles électroniques, d'appareils électroménagers ou d'automobiles.

C'est le cas également des processus administratifs classiques. Le processus d'approvisionnement par exemple, qui requiert l'identification du besoin, les demandes d'achat, etc... jusqu'à la facturation du fournisseur en passant par le cycle des approbations, l'appel d'offre, la commande, la livraison, le contrôle de réception, les garanties.

Chacun connait les conséquences d'une commande passée avec des prix erronés, des délais inexacts, des quantités ou des unités de mesure fausses.

Contrairement au processus de fabrication de semi-conducteurs que nous évoquions ci-dessus où les multiples données enregistrées à chaque étape permettent d'évaluer les taux de défauts, de recyclage, les pertes en rendement, en productivité, etc..., il n'existe que très peu d'information pour mesurer l'impact économique d'une erreur dans un processus administratif complexe. Peut-être tout simplement parce qu'on n'a pas développé l'Assurance Qualité dans ce domaine.

On peut se faire une idée de cet impact économique mais on est généralement très loin de la réalité.

L'évaluation des coûts de non-Qualité dans les fonctions administratives montre en fait que ces coûts sont du même ordre de grandeur que ceux des unités de production, sinon plus élevés.

Ces considérations nous conduisent au fait que dans tout processus, quel qu'il soit, on doit viser le Zéro-Défaut au niveau de chaque étape ou cellule. Chaque poste de travail ne doit laisser passer aucune défaillance et si d'aventure cette défaillance échappe elle doit être détectée le plus tôt possible en aval ; on doit remonter sans laxisme à la cause première et l'éliminer.

2 - 4 - 3 — Définition de l'Autocontrôle

L'autocontrôle consiste à rendre un employé à son poste de travail responsable de la Qualité du produit (ou service) qu'il fournit. Cela veut dire que non seulement cet employé apporte une valeur ajoutée au produit ou au service en cours d'élaboration mais qu'il contrôle la conformité aux besoins (spécification, feuille de vérification, etc..) de ce qu'il livre en aval. Il effectue ainsi à temps partiel le travail auparavant confié à des contrôleurs spécialisés.

Par « responsable de la Qualité » nous entendons :

1. Assurer le zéro-défaut sur la valeur ajoutée du poste de travail. Remarquons que, si l'on se place dans le cas théorique ou tous les postes de la chaîne ou du processus sont du type « autocontrôle », tout produit qui arrive en fin de chaîne est un produit sans défaut.

   Tout opérateur en poste de travail le long du processus ne se soucie pas dans ce cas de la Qualité du produit qui entre, venant de l'amont.

   C'est la relation de confiance client-fournisseur qui joue.
2. Détecter les anomalies sur le produit en provenance de l'amont. Ceci peut se faire en même temps que la vérification du produit livré au poste aval (à partir de « Check-lists », mesures, essais) en évitant toutefois le double contrôle systématique.
3. Signaler sans délai toute erreur ou anomalie.

   Intervention au poste qui est à l'origine du problème s'il est identifié, sinon auprès du management.
4. Arrêter la ligne ou la partie du processus affecté, en cas de problème grave.

Notons que l'esprit Qualité doit inciter à détecter toute anomalie, erreur, défaut. L'opérateur qui détecte une anomalie ne doit pas hésiter à la révéler au plus vite ; le management doit encourager une telle attitude.

Ce qui est important c'est que des mesures soient prises pour que cette anomalie ne se renouvelle pas.

2 - 4 - 4 — Comment développer l'autocontrôle ?

Chaque entreprise selon la nature de ses activités doit établir son propre plan. Nous mentionnons ici quelques recommandations et considérations générales :

Implantation progressive

L'autocontrôle ne peut être le fait d'une décision brutale et générale. Il se développe de proche en proche sous l'effet de l'application de la politique Qualité et de ses concepts associés.

Il résulte en effet :

— de la volonté du management.

Celui-ci doit idenfifier les opportunités, c'est à dire les postes où l'autocontrôle est techniquement possible. Nous entendons par là les postes disposant des moyens et de l'information qui permettent au tenant d'agir de façon autonome (mesure, contrôle, correction) dans le cadre de responsabilités clairement définies.

Par ailleurs le management se doit de développer des expériences, des pilotes et d'éduquer son personnel dans cette perspective.

— de l'adhésion du personnel.

Le succès de l'autocontrôle repose sur l'engagement personnel ainsi que sur une relation de confiance entre les intéressés et leur management.

— de la certification des tenants de poste.

La responsabilité ne peut être confiée qu'au personnel ayant reçu l'éducation appropriée et acquis l'expérience nécessaire. Cette responsabilité est attribuée au tenant du poste et non au poste lui-même.

L'autocontrôle correspond à un enrichissement des tâches et à une transformation progressive des descriptions de postes.

Formation professionnelle — Variété des connaissances

L'employé a besoin d'être formé pour répondre à ses responsabilités nouvelles. C'est son manager qui fixe le choix et les moyens de son éducation. Citons les domaines principaux dans lesquels ses connaissances doivent s'étendre :

— Il doit comprendre le processus dans lequel il s'insère. Il peut en particulier être amené à intervenir sur des postes différents.

— Il doit pouvoir établir le diagnostic des pannes classiques de ses équipements et intervenir sans délai pour y remédier.

— En cas de panne plus grave il doit participer avec l'aide de la maintenance à la "remise en route" de son poste.

— Il doit connaitre le produit qui passe entre ses mains ; les types de défauts possibles, savoir les détecter à son niveau, en identifier les causes.

— Il doit pratiquer les méthodes de résolution de problème, le contrôle statistique simple.

Tâches multiples

L'introduction de l'automatisation, de l'informatisation, de la robotisation, modifiant en profondeur le contenu de la répartition des postes de travail, conduit à des efforts d'éducation supplémentaires, à l'élargissement du champ d'intervention possible de l'opérateur, à la tenue de plusieurs postes par le même opérateur, ce qui à la fois facilite et rend plus nécessaire le principe de l'autocontrôle.

En conclusion

L'autocontrôle, au sens où nous le concevons ici, est un mode d'adhésion important au programme Qualité. Il mobilise par excellence pour obtenir le zéro-défaut, il améliore les relations client-fournisseur, il responsabilise davantage et finalement il développe l'état d'esprit Qualité.

CHAPITRE 3

LES MOYENS ET LES OUTILS
DU PROGRAMME QUALITÉ

---

1 — RELATION CLIENT-FOURNISSEUR INTERNE

Introduction

1 - 1 — La Relation Client-Fournisseur (R.C.F.)
1 - 2 — La Description et Analyse d'Activités (D.A.A.)
1 - 3 — Les "contrats" de service

2 — RELATION CLIENT-FOURNISSEUR EXTERNE

2 - 1 — La Relation Client Externe-Fournisseur (R.C.E-F.)
2 - 2 — La Relation Client-Fournisseur Externe (R.C.-F.E.)
2 - 3 — Les défauts au temps t = o

3 — COÛT D'OBTENTION DE LA QUALITÉ (C.O.Q.)

3 - 1 — Définition
3 - 2 — Usages du C.O.Q.
3 - 3 — Evaluation du C.O.Q.
3 - 4 — Ecueils du C.O.Q.
3 - 5 — Qualité et productivité

4 — ÉTUDES D'OPINION QUALITÉ

Introduction

4 - 1 — Etude d'opinion générale
4 - 2 — Etude d'opinion par échantillonnage
4 - 3 — Conclusion

5 — CONTRÔLE DE PROCESSUS

5 - 1 — Pourquoi contrôler les processus
5 - 2 — Définition d'un processus
5 - 3 — Typologie et structure des processus
5 - 4 — Qualité de la conception et qualité de l'exécution
5 - 5 — Management des processus interfonctionnels

6 — CONTRÔLE STATISTIQUE

Introduction

6 - 1 — Statistiques descriptives
6 - 2 — Méthodes d'échantillonnage
6 - 3 — Cartes de contrôle
6 - 4 — Conclusion

7 — GROUPES DE TRAVAIL

Introduction

7 - 1 — Les 9 étapes de résolution d'un problème
7 - 2 — Les 9 outils de résolution d'un problème
7 - 3 — Conclusion

8 — LE MÉTIER DE FACILITEUR

1 — RELATION CLIENT-FOURNISSEUR INTERNE

INTRODUCTION

Nous avons déjà été amenés à mentionner ou expliquer certains aspects de cette relation client-fournisseur.

Nous nous attacherons, dans ce chapitre, à en faire la description détaillée et à expliciter les méthodologies d'analyse du coût de la Qualité et d'établissement de contrats de service qui découlent de cette relation.

Reprenons la définition de la Qualité :

« La Qualité est la conformité de nos produits et services aux besoins de nos clients internes ou externes ».

Cette définition s'applique à tous les membres de l'entreprise et se base sur la relation client-fournisseur.

1 - 1 - LA RELATION CLIENT-FOURNISSEUR (R.C.F)

Tout acteur de l'entreprise est concerné, quel que soit son niveau, son activité, sa situation géographique, etc...

Tout acteur de l'entreprise a au moins un client et un fournisseur.

Tout acteur est tour à tour client et fournisseur. Il apporte une valeur ajoutée au produit ou service en cours d'élaboration ; il reçoit de l'amont des "éléments d'entrée" pour lesquels il a à définir avec son fournisseur toutes les caractéristiques qui répondent à ses besoins et il livre vers l'aval des "éléments de sortie" pour lesquels il a à définir avec son client toutes les caractéristiques qui répondent aux besoins de son client (schéma n° 31).

L'obtention de la conformité aux besoins, c'est-à-dire la Qualité, s'obtient suivant le processus classique de la boucle de réaction consistant à mesurer les caractéristiques des entrées et des sorties, à les comparer aux valeurs de référence (les besoins effectifs) et à réduire l'écart jusqu'à le rendre nul.

Schéma n° 31

LA RELATION CLIENT-FOURNISSEUR

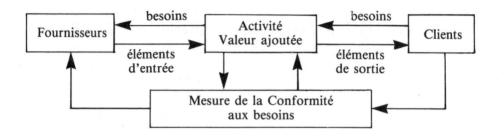

Ce que nous venons de voir au niveau de l'individu à son poste de travail, s'applique de la même manière au niveau d'une entité fonctionnelle petite ou grande (section, service, département, fonction, jusqu'à l'entreprise toute entière).

Un certain nombre de questions se posent alors pour lesquelles la réponse n'est pas évidente pour tous, comme le prouvent les études de cas réels effectuées à titre pédagogique :

Quels sont mes clients ?

Il est fréquent d'en oublier un ou plusieurs, quelquefois le principal. L'ingénieur commercial, par exemple, n'a pas que des clients externes, il a aussi des clients internes : le contrôle de production qui a besoin d'un délai, de quantités, d'un numéro de produit ; les services financiers qui attendent une facture, etc.
Ou bien un doute survient :

Quel est mon vrai client ?

Pour le service des essais de l'unité de fabrication en train de mettre la dernière main à un équipement avant sa livraison au client externe, le vrai client n'est-il pas la fonction assurance Qualité dont la position conditionne la livraison ? Ou la fonction distribution à laquelle on amène physiquement l'équipement ? Ou bien le service après-vente qui l'installe et le remet au client externe ? La réponse est qu'il faut considérer toutes les fonctions avec lesquelles existe ou doit exister un interface formel, ne serait-ce que la remise d'un bordereau.

Quels sont les besoins de mon client ?

L'embarras devient un peu plus sérieux. Dans bien des cas on ne sait pas, on se trompe, on ne les cite que partiellement. Plus grave, on constate qu'ils ont changé à l'insu des intéréssés. De vagues procédures existent là où le processus requiert beaucoup de rigueur et de précision.

Comment sont exprimés les besoins ?

Au niveau de l'entreprise, ce peut être un contrat, un cahier des charges, une commande détaillée, des objectifs stratégiques, etc.. Au niveau de l'entité fonctionnelle, ce peut être des spécifications, des normes, des instructions, des règles de conception, etc.. Au niveau de l'opérateur ce peut être une instruction de fabrication, des règles de sécurité, etc.. Dans tous les cas, le besoin client devra être formellement exprimé, établi en accord avec le fournisseur ou accepté par lui, compris de lui.

Et, les questions s'enchainent selon la suite logique :

— Comment satisfaire le besoin exprimé ?
— Ai-je une mesure adéquate en place ?
— Comment acquérir les données ? Qui doit effectuer l'acquisition ?
— Comment obtenir un indicateur représentatif du besoin ? Un indicateur de Qualité ?
— Où se situe le niveau actuel de Qualité ? l'objectif ?
— Quelles sont les causes d'erreur ?
— Quelle est leur origine ? Etc.

Cette analyse faite systématiquement permet de mener une réflexion avec un éclairage nouveau sur l'organisation et le fonctionnement de tout processus. Elle conduit dans beaucoup de cas à lui redonner de l'efficacité avec peu de ressources.

Cette démarche, au fur et à mesure qu'elle gagne toute l'entreprise, modifie profondément les relations entre les individus, les services, les fonctions et les établissements pour la raison simple qu'elle oblige à des contacts, des négociations formelles qui clarifient tous les échanges. Elle dissipe des malentendus, des incompréhensions ; elle élimine et supprime des rivalités, de vieilles querelles. Car encore trop fréquemment dans nos organisations, le service ou la fonction voisine est perçu comme un "adversaire" et non comme un "client".

L'énergie ainsi libérée, qui était stérilement dissipée pour leur protection par des unités défensives, se concentre désormais sur les interfaces de l'organisation pour un meilleur rendement des processus et une plus grande satisfaction des personnes.

De nombreux exemples peuvent être relatés qui illustrent le fait. Contentons-nous de citer la déclaration du responsable d'un service comptable : « Avant, pour un comptable, tous les acheteurs étaient des bons à rien et pour un acheteur tous les comptables avaient la même réputation. Aujourd'hui, tout baigne dans l'huile, on se rencontre systématiquement toutes les semaines, on traite ensemble nos affaires, on se met d'accord sur ce que chacun doit faire et les relations sont excellentes ! ».

De fait, ces deux services comptabilité et achats ont pratiqué à fond la relation client-fournisseur et se sont définis un objectif commun : l'amélioration de la Qualité du processus de facturation.

L'indicateur Qualité mis en place a été le taux de factures enregistrées sans erreur du premier coup.

En moins de deux ans, on est passé de 75 % à 95 % et on vise bien sûr d'aller plus loin.

1 - 2 — LA DESCRIPTION ET ANALYSE D'ACTIVITE (D.A.A.)

1 - 2 - 1 — *Méthode générale*

Méthodologie directement dérivée de la relation client-fournisseur, la D.A.A. est un outil qui permet à tout chef de service :

- de connaitre la façon dont ses ressources sont réellement dépensées (évaluation chiffrée des composantes du coût de la qualité interne).

- d'établir son plan d'amélioration de la Qualité connaissant :
  — les problèmes prioritaires.
  — leurs causes et origines.

Le tableau n° 32 explicite les 5 phases successives de la méthode. Celle-ci est simple, de mise en oeuvre facile. Bien appliquée, elle fournit aux managers une image claire, une vision nouvelle de leur service, sur le plan de la répartition des dépenses, de la localisation et de l'importance relative des problèmes Qualité internes.

Il faut noter que l'évaluation du C.O.Q. au niveau du service ne prend en compte dans cette méthode que les défaillances internes (défaillances propres, c'est-à-dire générées à l'intérieur du service et défaillances subies, donc induites par les services en amont). Le C.O.Q. ne considère pas les défaillances ''livrées'' par le service en question dans le ou les services en aval.

DESCRIPTION ET ANALYSE D'ACTIVITÉ

Phase 1 — Description des activités du service
- Établir la liste des activités du service, (se limiter aux 10/12 activités majeures).
- Considérer les activités/tâches réellement effectuées et non pas les missions du service.

Phase 2 — Identification des clients et fournisseurs

Pour chacune des activités, identifier :
- Les données (produit, service, information, etc.) nécessaires pour la réaliser et leur provenance.
- Le travail effectué par le service (valeur ajoutée)
- Le "résultat" livré ainsi que sa destination.

Phase 3 — Relations contractuelles

Pour chacune des activités, analyser l'aspect contractuel qui y est lié :

A — Client : (considérer chaque client tour à tour)
- Quels sont ses besoins/exigences ?
- Sous quelle forme sont exprimés ses besoins/exigences ?
- Êtes-vous d'accord avec lui sur ses besoins/exigences ?
- Quels sont les problèmes causés par la non-conformité de ce que vous fournissez ?
- Comment mesurez-vous la qualité de ce que vous fournissez ?

B — Fournisseur : mêmes questions en sens inverse.

Phase 4 — Valeur ajoutée du service

Pour chacune des activités de la liste, étudier la maîtrise et la mesure de la qualité du *travail interne*.
- Indicateurs existants ou à mettre en place ?
- Connaissance de l'impact de la non-conformité (Quelles erreurs ? causes ? origine ?)
- Action d'amélioration à mettre en oeuvre (prévention des erreurs)
- Système de mesure de l'amélioration.

Pour chacune des activités, décomposer la charge qu'elle représente, entre le coût des activités de base, et le coût d'obtention de la Qualité lui-même décomposé en : prévention, évaluation, défaillance.

Phase 5 — Récapitulation des résultats
- Rassembler et additionner les résultats chiffrés de la phase 4 pour obtenir la répartition des ressources du service dans les différentes rubriques (Base, Prévention, Évaluation, Défaillance)
- Établir à partir de ce bilan les priorités du plan d'amélioration de la Qualité.

Note : On ne considère pas, à ce stade, les défaillances "livrées" en aval du service.

Il faut noter également que la D.A.A. a été conçue pour s'appliquer à une entité fonctionnelle relativement limitée en nombre d'activités et en nombre d'interfaces avec l'extérieur (le service en principe). Cela n'exclut pas son application à des unités plus larges — une fonction complète, voire l'entreprise entière — mais il est nécessaire dans ce cas de s'entourer de précautions et ne pas tomber dans certains pièges, comme nous le verrons au chapitre Coût de la Qualité.

En particulier, si l'on procède par addition des résultats des différents services, on risque de commettre des erreurs significatives. Car ce qui est un coût de base (valeur ajoutée pure) pour le service, peut devenir au niveau de la fonction un coût de prévention (exemple : un service de formation) ou un coût d'évaluation (exemple : un service d'essais, de contrôle) ou encore un coût de défaillance (exemple : un service de retravaillage ou traitement des urgences). C'est pourquoi nous préconisons une méthode plus élaborée pour l'évaluation du Coût d'Obtention de la Qualité d'une fonction, d'un établissement ou d'une entreprise, qui est la D.A.A. avec reclassification.

1 - 2 - 2 — D.A.A. avec reclassification

Quelques règles simples ajoutées à la méthode D.A.A. permettent d'intégrer les résultats d'un niveau d'organisation au niveau directement supérieur. Il est ainsi possible par cette démarche de bas en haut (des services au département, des départements à la fonction, des fonctions à l'établissement) de consolider le coût d'obtention de la Qualité (C.O.Q.) au niveau voulu.

Schématiquement le principe consiste :

1. Pour l'unité fonctionnelle de plus faible niveau (service) :

Décomposer l'ensemble des dépenses selon les 5 composantes suivantes :
— Coût de base (B)
  Ressources nécessaires pour effectuer la tâche en l'absence de toute erreur ou anomalie.
— Coût de prévention (P)
  Ressources utilisées pour prévenir les erreurs, les défauts, les anomalies au sein du service et en provenance des autres services.
— Coût d'évaluation (E)
  Ressources affectées à vérifier, contrôler la conformité.
— Coût des défaillances propres (Dp)
  Ressources affectées à refaire ce qui n'a pas été bien fait la première fois à l'intérieur du service (réparer - retoucher - retravailler - rejeter - etc...)

— Coût des défaillances subies (Ds)
Ressources affectées à corriger les erreurs, défauts, anomalies causés par les services en amont.

2. *Pour l'unité fonctionnelle de niveau directement supérieur (département)*
— Reclassifier les composantes (schémas n° 33 et 34)
— Valider l'origine des défaillances subies
— Consolider (faire l'addition composante par composante)
— Le C.O.Q. interne est égal à P + E + Di

3. *Pour toute unité fonctionnelle d'un niveau donné*

Intégrer niveau par niveau selon le même principe jusqu'à l'établissement si c'est le projet.

L'intérêt de la mise en oeuvre d'une telle méthodologie est multiple :
a) Elle implique l'ensemble ou un ensemble d'unités fonctionnelles de base, les menant à pratiquer la relation client-fournisseur.

    Elle conduit en principe à l'optimisation de la Qualité par le fait qu'à un niveau hiérarchique donné, chaque manager se tourne vers l'amont pour améliorer son taux de défaillances subies, traite ses problèmes internes, et est amené à réduire les défauts qu'il génère en aval à la demande de ses clients (schéma n° 35).

b) Elle fournit la valeur totale (intégrée) du C.O.Q. au niveau choisi. Elle donne par exemple à la direction la valeur du C.O.Q. interne d'un établissement. Par contre, elle ne considère pas les défaillances "livrées", celles générées par l'établissement chez ses clients.

c) Elle établit la matrice générale des coûts de la Qualité de l'entreprise (tableau n° 36), faisant apparaître pour une fonction donnée :
   • Le C.O.Q. que cette fonction n induit dans chacune des autres fonctions de l'entreprise
   • Le C.O.Q. que chacune des autres fonctions induit dans la fonction n en question représenté par l'histogramme n° 37.

4. *Exploitation du gisement de la non-Qualité*

Ce qui précède permet la mise en oeuvre d'un plan Qualité rationnel basé sur des évaluations chiffrées et la connaissance de la répartition géographique des défauts, de leurs origines, parfois de leurs causes. Les vrais problèmes de Qualité et les priorités ont toutes les chances d'être correctement traités.

Les personnes rendues disponibles par l'épuration des processus (réduction des défaillances de toutes natures) doivent être rationnellement réaffectées dans des activités de prévention et des tâches productives. C'est ainsi que la compétitivité de l'entreprise s'auto-entretient.

Schéma n° 33

D.A.A.

SYNTHÈSE DU C.O.Q. AUX NIVEAUX HIÉRARCHIQUES SUPÉRIEURS

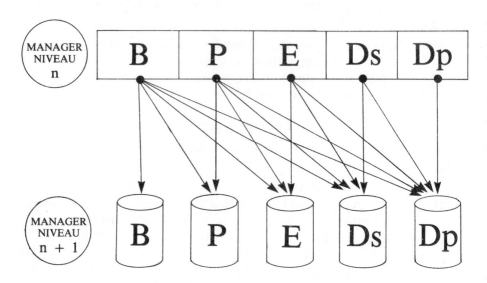

Principe :

1 — Reclassification des composantes en passant du niveau n au niveau n + 1
(exemples dans le tableau ci-dessous)

2 — Synthèse au niveau n + 1 (somme arithmétique)

B — Base
P — Prévention
E — Évaluation
Ds — Défaillances subies
Dp — Défaillances propres

EXEMPLES	
Niveau n	Niveau n + 1
• Division Après-vente	Entreprise
• Usine	Entreprise
• Fonction Formation	Usine, fonction Personnel
• Dépt facturation	Fonction Administration
• Service traitement des urgences	Dépt contrôle de production
• Section retravaillages	Service fabrication

Tableau n° 34

EXEMPLES DE RECLASSIFICATION

NIVEAU n (BASE)

• Production	• Formation	• Contrôle réception	• Retravaillage	• Recyclage
	• Modèles	• Audits	• Traitement des urgences	• Retravaillage
	• Prototypes	• Inspections		• Analyse des défauts
	• Simulations	• Essais avant livraison	• Retouches	

NIVEAU n + 1

B   P   E   Ds   Dp

Schéma n° 35

OPTIMISATION QUALITÉ PAR RELATION CLIENT-FOURNISSEUR

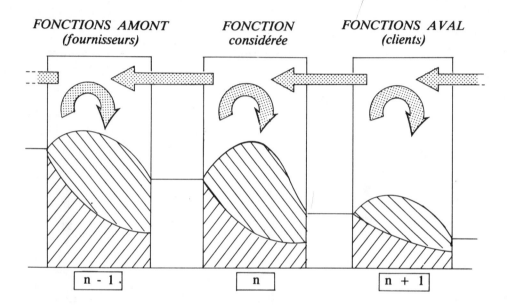

| FONCTIONS AMONT *(fournisseurs)* | FONCTION *considérée* | FONCTIONS AVAL *(clients)* |

n - 1   n   n + 1

Défaillances subies (venant de l'amont)

- une partie est détectée et éliminée au sein de la fonction considérée. Celle-ci s'adresse à la fonction amont pour négocier un plan d'amélioration commun.
- Une partie est transmise vers l'aval.

Défaillances internes (générées dans la fonction)
- une partie est détectée et éliminée dans la fonction. Celle-ci met en oeuvre son plan d'amélioration interne.
- une partie est transmise vers l'aval.

Tableau n° 36

D.A.A AVEC RECLASSIFICATION

MATRICE DES DÉFAILLANCES
D'UNE UNITÉ FONCTIONNELLE COMPLEXE

FONCTION

				$n-1$	n	$n+1$	
					$Yn-2$		
	$n-1$				$Yn-1$		
FONCTION	n		$Xn-2$	$Xn-1$	Z	$Xn+1$	$Xn+2$
	$n+1$				$Yn+1$		
					$Yn+2$		

Exemple :

Z = Défaillances propres de la fonction n

$Yn-1$ = Défaillances subies par la fonction n en provenance de la fonction $n-1$

$Xn+1$ = Défaillances induites ou ''livrées'' par la fonction n à la fonction $n+1$

Tableau n° 37

HISTOGRAMME DES DÉFAILLANCES « SUBIES » PAR LA FONCTION N
EN PROVENANCE DES AUTRES FONCTIONS (EXEMPLE)

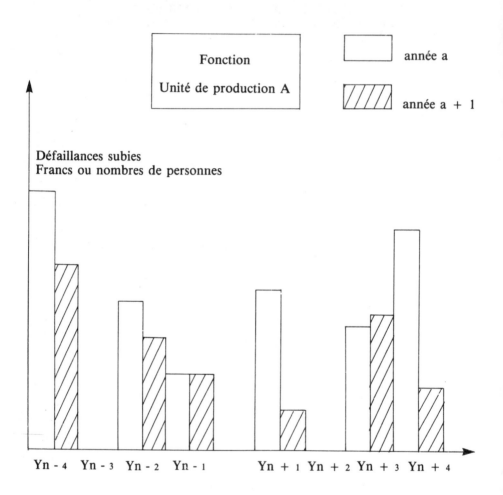

Exemple :

Yn_{-4} à Yn_{+4}

- Achats
- Informatique
- Contrôle de Production
- Personnel
- Unité de production B
- Unité de production C
- Travaux / Installations
- Plans

Remarques : 1) La décomposition des dépenses établie au niveau de chaque service par la méthode D.A.A. ne considère dans la plupart des cas, que les ressources humaines (ressources décentralisées).
Quant aux autres dépenses (amortissements d'équipements, ferraillages, dépenses opérationnelles etc..) qui sont généralement centralisées à un niveau plus élevé, elles sont prises en compte à ce niveau, à moins qu'elles ne soient incluses dans le coût d'unité d'oeuvre (C.U.O).

2) Il peut être utile selon la complexité de l'organisation de commencer par une phase pilote (2 ou 3 fonctions volontaires) pour roder la méthode avant de l'étendre à l'établissement ou à l'entreprise.

1 - 3 — LES « CONTRATS » DE SERVICE

Ils constituent une manifestation importante de la relation client-fournisseur qui se matérialise sous la forme d'un document formel.

Approche

Chaque grande fonction de l'entreprise (unité de production, approvisionnement, finance, informatique, personnel, etc...) procède en principe comme suit :

— Identification des départements (ou services) de la fonction qui ont des interfaces opérationnels avec une ou plusieurs autres fonctions. On considère éventuellement ses relations avec les départements internes à la fonction.(tableau n° 37 bis)
— Analyse détaillée, au sein de chaque département ainsi identifié, des échanges avec l'extérieur de la fonction (identification exhaustive des besoins propres, formulation précise de ces besoins)
— Démarche auprès des départements "fournisseurs" pour négocier, exprimer d'un commun accord ces besoins.
— Démarche réciproque des départements "clients"
— Formulation des besoins exprimés dans un document officiel (le contrat de service), revu par les chefs de département et/ou de fonction et signé par les deux parties.

Un département établit autant de "contrats" de service qu'il a de départements clients et fournisseurs.
Un "contrat" unique est établi dans tous les cas, que le département soit client ou fournisseur (relation unilatérale), ou qu'il soit client et fournisseur (relation bilatérale).

Tableau n° 37 bis

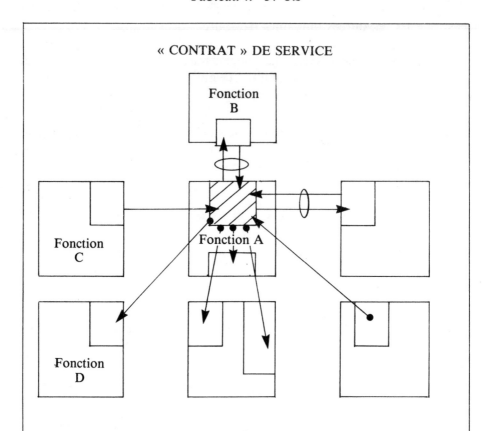

« CONTRAT » DE SERVICE

Fonction B

Fonction C

Fonction A

Fonction D

Pour la fonction A, le département considéré établit un contrat de service par relation unilatérale (client ou fournisseur) ou bilatérale (client et fournisseur)
Soit un total de 7 (externe) + 1 (interne)

Forme / Contenu

— Le document est court, concis et précis
— Il établit clairement les responsabilités, les modes opératoires, les références, les recours.
— Il peut rappeler les missions/rôles des départements, comporter des schémas qui explicitent un processus, une procédure.
— Il peut décrire des exemples typiques, pratiques qui aident à la compréhension et/ou servent de guide préventif.
— Il peut anticiper des situations critiques (si tel cas se produit, voilà la conduite à tenir)
— Il comporte les dates de mise à jour, la période de validité, les signatures des responsables.

Application

— Le "contrat" de service est un engagement formel pour les deux parties.
— C'est le document de référence pour toute difficulté relationnelle, litige ou conflit inter-fonctions.
— Il est complété ou modifié avec l'accord des deux fonctions (responsables signataires)
— Tout le personnel impliqué dans la relation est informé sur le contenu du document.

Intérêt

— Le "contrat" de service, développant la relation client-fournisseur comporte tous les avantages de celle-ci.
  Il oblige à préciser avec rigueur les interfaces, les relations inter-fonctionnelles, d'où :
    . Optimisation des processus — Efficacité accrue
    . Décloisonnement — Amélioration des relations humaines.

— Exprimant les besoins clients de façon exhaustive et précise, il est une excellente base pour des actions d'améliorations de la Qualité. Il permet en outre d'aborder l'évaluation du C.O.Q. de la fonction via la D.A.A. en ayant couvert une partie du chemin (la réciproque est également vraie).

REMARQUE : Le « contrat » de service est d'autant plus utile, que les unités opérationnelles de l'entreprise sont plus autonomes, plus décentralisées.

2 — RELATION CLIENT-FOURNISSEUR EXTERNE

2 - 1 — RELATION CLIENT EXTERNE-FOURNISSEUR (RCE - F)

Comme nous l'avons vu à propos de la définition de la Qualité, l'entreprise qui fournit un produit ou un service à un client externe se doit non seulement de répondre au besoin exprimé mais de s'assurer que le besoin exprimé est conforme au besoin ressenti ou besoin réel.

Il arrive en effet très souvent qu'un besoin exprimé ne reflète qu'une partie du besoin réel ou encore ne le reflète pas correctement.

C'est le cas d'un installateur d'équipements électroniques qui, caractérisant l'énergie électrique dont il a besoin, ne spécifie pas ce qu'il peut admettre comme taux de microcoupures et de parasitage sur le secteur.

Le besoin exprimé peut être d'une parfaite précision à bien des égards (puissance - tension - fréquence - harmoniques - disjonctions - etc.), l'omission d'un paramètre de l'environnement (coupures/ transitoires/parasites) fera cependant que l'énergie électrique fournie ne répondra pas à ses besoins réels pour assurer son service.

N'arrive-t-il pas par ailleurs à un client de sortir satisfait d'un magasin avec un produit tout autre que celui qu'il projetait d'acheter ? Le vendeur dans ce cas a su faire préciser le besoin réel de son client et lui proposer la solution correspondant exactement à son problème.

2 - 1 - 1 — *Enquête de satisfaction clients*

Une façon pour l'entreprise d'évaluer la couverture du besoin est de procéder à des études sur la satisfaction de ses clients ou plus précisément des études sur l'appréciation par ses clients des produits et des services fournis par l'entreprise.

Ces études comportent un certain nombre de questions, (quelques dizaines selon la taille de l'entreprise, la complexité et la diversité des produits et services) qui sont regroupées par grands thèmes.

Par exemple :
— Les matériels et produits : les questions portent sur la Qualité de l'ensemble des produits livrés (performances fiabilité, rapport prix/performances, disponibilité, etc.).

— La distribution : appréciation de la livraison, des interfaces, des délais, des emballages etc.

— Les services après-vente : appréciation de la maintenance, de la documentation, de l'efficacité des services administratifs etc...

— L'entreprise : appréciation globale de l'entreprise ; Qualité des relations ; compétence pour proposer des solutions et résoudre les problèmes du client ; etc...

— Le personnel responsable des interfaces : appréciation de l'ingénieur commercial et des équipes techniques intervenant chez le client (compétence sur les différents aspects techniques et financiers de leur mission ; valeur de leurs conseils, compréhension des besoins client, etc.)

Le questionnaire ainsi composé est adressé par voie postale (ou par voie téléphonique) aux clients avec un message de la direction explicitant l'intérêt mutuel de la démarche.

La réponse au questionnaire se fait très simplement en cochant la case réponse au regard de chaque question, la gamme de réponses possibles allant du "très satisfait" jusqu'au "très mécontent".

L'enquête peut être anonyme. En effet, les questionnaires sont banalisés. Par contre ils permettent — si le client l'accepte ou même le souhaite — de personnaliser les réponses par indication des produits/matériels achetés ou loués, la catégorie d'activité à laquelle l'entreprise cliente appartient (Administration, Industrie de base, de transformation, Banque, Distribution, Services publics, Assurance, etc.) et/ou le code d'activité principale de l'entreprise cliente.

Bien entendu les clients sont encouragés à faire des commentaires écrits qui éclairent et précisent leurs appréciations.

Des études d'opinions plus spécifiques, donc plus limitées en nombre de questions, peuvent être menées en parallèle ; par exemple les services après-vente ou bien les services distribution/livraison peuvent s'enquérir de la perception de leurs clients vis-à-vis de la Qualité de leur service.

Dans ce cas, le produit ou la famille de produits utilisés sont clairement identifiés dans le questionnaire.

Les réponses et commentaires sont exploités de préférence par des moyens informatiques, ce qui conduit à une analyse statistique des données et à la présentation de l'information utile sous forme de tableaux et de graphiques. Ces résultats, directement exploitables, permettent d'établir le plan d'action destiné à améliorer toute situation jugée insatisfaisante.

Les consultations régulières des clients permettent ainsi, non seulement d'évaluer leur degré de satisfaction sur de multiples aspects mais de mieux répondre à leurs besoins réels en poursuivant la recherche d'un meilleur produit/service à partir des enseignements tirés de l'étude.

On le voit, ces enquêtes doivent être préparées et conduites par des professionnels de façon à éviter toute ambiguïté dans les questions et à interpréter valablement les réponses. Enfin elles doivent être suffisamment durables dans leur formulation pour que le même questionnaire répété au cours du temps permette d'évaluer l'impact de certaines actions prises au sein de l'entreprise sur la satisfaction des clients.

2 - 2 — LA RELATION CLIENT-FOURNISSEUR EXTERNE (RC - FE)

L'entreprise est ici le client. Elle se doit donc de communiquer correctement ses besoins à ses fournisseurs externes.

La préoccupation de l'entreprise dans ce cas est double :
— d'une part engager (si ce n'est déjà fait) ses fournisseurs dans un programme d'amélioration de la Qualité, les faire évoluer vers la Gestion Totale de la Qualité voire les associer à son propre mouvement Qualité (jusqu'à la qualification de ses fournisseurs)
— d'autre part mettre en oeuvre une prévention efficace contre le risque d'introduction dans l'entreprise de produits nouveaux, non conformes aux besoins, en provenance des fournisseurs (qualification des produits achetés)

Les 2 idées ne sont pas contradictoires, mais complémentaires.

2 - 2 - 1 — *Qualification des fournisseurs*

L'entreprise s'engageant dans un programme Qualité doit en informer officiellement ses fournisseurs et leur signifier sa volonté de voir diminuer les dépenses dues aux défaillances subies.

Dans ce but, l'entreprise organisera des séminaires Qualité pour sensibiliser ses fournisseurs, leur demandera formellement de développer un plan d'amélioration de la Qualité, les informera de sa perception de la Qualité de leurs produits et leur communiquera les critères Qualité sur lesquels ils seront jugés.

Une action commune, bénéfique pour les deux parties devra être recherchée et développée, l'entreprise s'engageant à aider son fournisseur sur les plans de la formation Qualité, des méthodes et outils, de la mise en place d'un plan Qualité, des audits Qualité, des analyses de résultats Qualité, de la recherche des causes de défaillance, etc...

Un programme zéro-défaut, produit par produit, sera par exemple mis en œuvre. Au fur et à mesure de la diminution des taux de défauts observés au contrôle réception de l'entreprise, celle-ci réduira l'importance de ses contrôles (fréquence et taille des échantillonnages par exemple) jusqu'au moment où, l'entreprise ayant pleinement confiance en son fournisseur, acceptera directement les produits de ce dernier sur la base unique de ses résultats Qualité, le contrôle réception à l'entrée de l'entreprise étant supprimé.

Le fournisseur aura alors atteint le stade de la qualification.

Il apparait qu'une entreprise performante a intérêt à travailler avec des fournisseurs eux-mêmes performants.

REMARQUE : Dans ce processus de qualification des fournisseurs, l'entreprise a des devoirs vis-à-vis de ses fournisseurs. Non seulement elle les informera et les assistera mais également elle définira ses besoins avec précision, sans erreur, même si le processus de définition est itératif. Par ailleurs, ses besoins doivent être compris, acceptés des fournisseurs, négociés avec eux dans l'intérêt des deux parties.

2 - 2 - 2 — *Assurance des produits*

Dans un but de prévention, l'entreprise procèdera à l'homologation (ou qualification) de tout produit acheté de conception nouvelle, de tout changement technique important appliqué à un produit couramment approvisionné ou à son processus de production, de tout fournisseur nouveau d'un produit déjà présentement utilisé.

L'homologation consiste à vérifier par des essais et évaluations appropriés que le nouveau produit est conforme aux besoins, c'est-à-dire à toutes les performances attendues. Cette vérification, on le voit, se fait au stade le plus en amont du processus de production de l'entreprise, c'est-à-dire à l'entrée dans l'entreprise du nouveau produit.

S'il s'agit de matériaux de base, de fluides, produits chimiques, ceux-ci seront homologués par la fonction assurance Qualité avant toute utilisation. S'il s'agit d'équipements entrant dans les lignes de production, ceux-ci seront homologués par les services techniques correspondants, avant leur insertion dans le processus de fabrication.

Par contre, s'il s'agit de composants ou d'assemblages destinés aux produits propres de l'entreprise, c'est-à-dire livrés à ses clients, celle-ci devra considérer avec intérêt la mise en oeuvre éventuelle d'une organisation spécifique, d'un laboratoire d'essais et d'évaluation des nouveaux produits en vue de leur homologation (ou qualification).

Le rôle de cette fonction spécialisée est de communiquer, cas par cas, à la direction générale, de façon totalement indépendante et à l'appui des évaluations appropriées, une position claire et documentée sur les risques techniques et financiers que l'entreprise encourt en introduisant un nouveau composant acheté dans ses propres produits.

Ne pouvant directement porter un jugement sur une situation techniquement complexe, la direction générale se dote en fait d'un organisme qui lui rapporte directement et lui fournit les éléments de décision nécessaires. Qui plus est, cet organisme (laboratoire d'essais et d'évaluation) peut être partie intégrante du fonctionnement du cycle du produit dans l'entreprise, le passage d'une phase à une autre (phases de conception, de production pré-série, de production de masse, etc...) étant conditionné par sa position positive ou négative.

Pour ce faire, celui-ci procède à des essais, analyses, enquêtes, évaluations sur les aspects conceptuels, technologiques, de maîtrise de production du nouveau produit. Il formule finalement une position sur :

- l'aptitude des produits à être utilisés industriellement : le nouveau produit peut-il être introduit dans les lignes de production sans risques ?
  (compatibilité technologique — continuité des approvisionnements — taux de défaillance conforme aux objectifs)
- la fonctionnalité : le nouveau produit est-il conforme aux performances fonctionnelles spécifiées ? Ceci dans toutes les conditions d'environnement et dans toutes les configurations possibles ?
- la fiabilité : conformité avec les objectifs que l'entreprise s'est fixés.

On le voit, le rôle d'une telle fonction est éminemment préventif. Elle intervient très tôt dans le cycle pour prémunir l'entreprise contre des risques éventuels, les évaluer et forcer la solution des problèmes ou le recours à une alternative. Indépendante, elle juge sans contrainte ni pression, n'étant partie prenante ni dans le choix/définition du produit acheté, ni dans les impératifs de production (coûts-délais-volume) ou de conception (échéances, performances, prix de revient).

Son efficacité s'accroit et se perpétue dans le temps du fait de l'expérience acquise, de la concentration des compétences, des moyens d'essais et d'évaluation (modèles - simulations - essais accélérés - tests fonctionnels)

Elle constitue une protection à la fois pour l'entreprise et pour ses clients puisqu'elle évalue et prend position sur la fiabilité du produit.

2 - 3 — LES DEFAUTS AU TEMPS t = 0
INTEGRATION VERTICALE DES TESTS DE CONFORMITE

Un aspect particulier de la relation client-fournisseur, qu'il est important de souligner, concerne l'effort conjoint de mesure des taux de défauts, de collecte d'informations relatives aux conditions de défaillances, de mise en oeuvre d'une logistique de retour des pièces défectueuses à des fins de diagnostic. Cet aspect de la relation s'exerce surtout entre les différentes divisions et établissements de l'entreprise mais doit s'étendre dans le cadre de la Gestion Totale de la Qualité à ses fournisseurs.

Considérons par exemple la production et la distribution d'ordinateurs personnels. Le processus complet se décompose en grandes étapes ou processus élémentaires :

— production (ou approvisionnement) des puces et composants.
— assemblage des composants en sous-ensembles.
  (circuits imprimés, clavier, imprimante etc...)
— assemblage des sous-ensembles en équipement complet.
— distribution.
— installation par le client.

Le produit est soumis, au terme de chaque étape, à un essai fonctionnel qui garantit en principe sa conformité aux spécifications — ceci avant livraison à l'utilisateur ou client.

Dans la réalité, pour des produits de grande complexité, l'adéquation entre la spécification (besoin exprimé), la méthode de test (opération de tri) et l'application (besoin réel) n'est pas parfaite. Elle doit être poussée aussi loin que possible (méthode zéro-défaut) faute de quoi on est confronté à des situations (tableaux n° 38, 39 et 40) où simultanément on rejette du produit bon et on laisse passer à l'étape suivante du produit défectueux.

Par produit défectueux nous entendons un produit qui possède des défauts physiquement présents au moment du transfert à l'étape suivante (défauts au temps t = zéro ou défauts T_0).

Le tableau de la page suivante (tableau n° 38) s'explique comme suit :

(1) La Spécification divise la population totale en 2 populations :
   — les défectueux et les non-défectueux.
(2) Le Test ne coïncide pas avec la Spécification, d'où 2 nouvelles populations :
   — les défectueux acceptés et les non-défectueux rejetés.
(3) L'Application (besoin réel dans l'utilisation) ne coïncide pas avec le Test, d'où à nouveau 2 populations :
   — les défauts T_0 dus au test imparfait
   — les défauts T_0 dus à l'absence de test (non-test)

Tableau n° 38

DÉFAUTS T_0

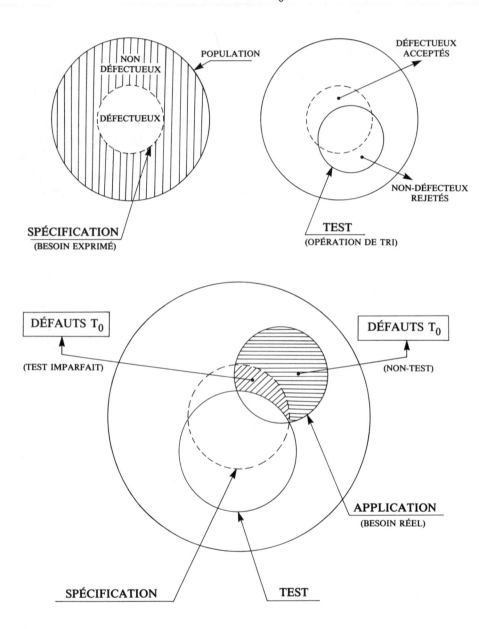

Note : La situation idéale est celle où les 3 cercles sont confondus : le Test (opération de tri) est exécuté en conformité totale avec la spécification (traduction de la demande) et celle-ci est en conformité totale avec l'Application (couverture exacte du besoin réel).

Tableau n° 39

CAUSES DES DÉFAUTS T_0	
TEST IMPARFAIT	*NON-TEST*
• Défectuosités de l'équipement de test	• Spécification inadéquate — défauts possibles non-considérés par la spécification — spécifications non-compatibles aux différents niveaux
• Dérive de l'équipement de test	
• Erreurs de calibration	• Non-accessibilité au test
• Conditions d'environnement	
• Erreurs de manipulations (test omis ou partiel, mise en œuvre d'une séquence incorrecte)	• Couverture de test incomplète ou inéxistante
• Dommages créés après le test (dommages mécaniques - contamination)	

Tableau n° 40

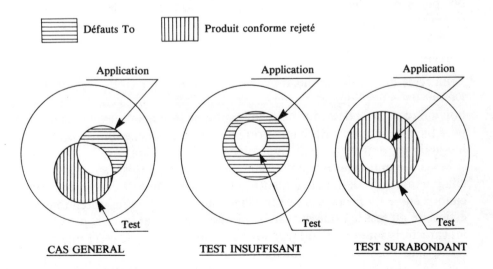

Défauts To   Produit conforme rejeté

Application   Application   Application

Test   Test   Test

CAS GENERAL   TEST INSUFFISANT   TEST SURABONDANT

Schéma n° 41

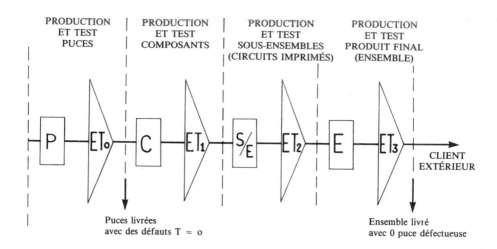

Note : L'efficacité des tests successifs (ET1, ET2, ET3) doit être telle qu'elle élimine totalement, avant la livraison du produit final au client extérieur, les défauts T_0 des puces livrées à l'assemblage supérieur (composants).

L'entreprise ayant pour objectif de livrer des équipements sans défaut doit donc s'attacher à ce que les tests successifs qui terminent les différents processus élémentaires aient une efficacité individuelle et une cohérence d'ensemble telles qu'ils éliminent tous les défauts. C'est ainsi que les défauts « livrés » par le processus le plus en amont (soit la production des puces dans l'exemple cité) auxquels s'ajoutent d'ailleurs les défauts engendrés dans les processus en aval par les dégradations électriques et mécaniques, doivent se trouver détectés et éliminés par l'ensemble des tests postérieurs. (schéma n° 41)

La règle que nous venons d'exprimer n'exclut en rien le concept Zéro-Défaut qui s'applique à chaque étape du processus, ni le concept Prévention qui requiert la détection et l'élimination de tout défaut le plus en amont possible mais elle constitue une protection additionnelle indispensable, la méthode préventive au plus haut niveau d'intégration.

Nous plaçant au niveau composants, la méthode consiste à mesurer pour chaque mode de défaillance identifié l'efficacité du test correspondant à chaque étape du processus (assemblages supérieurs). Nous entendons par efficacité du test le pourcentage de pièces rejetées par ce test, pièces dont les caractéristiques ou l'état physique sont susceptibles de créer une défaillance dans l'assemblage immédiatement supérieur.

La relation entre le taux de "Défauts T_0" à l'entrée et à la sortie d'un test est alors :

(Défauts T_0) sortie = (Défauts T_0) entrée x (1 - ET)

ET étant l'Efficacité du Test.

Ainsi, dans notre exemple, le taux de défauts présents à la sortie de l'entreprise, susceptible de créer une défaillance d'un type donné chez le client est de la forme :

(Défauts T_0)s = (Défauts T_0)e.(1-ET1).(1-ET2).(1-ET3)

> où (Défauts T_0)e est le taux de défauts des puces livrées à l'assemblage supérieur (production composants)
>
> ET 1 est l'efficacité du test des composants
> ET 2 est l'efficacité du test des sous-ensembles
> ET 3 est l'efficacité du test de l'ensemble

En fait la réalité est un peu plus complexe car interviennent d'autres facteurs tels que les défaillances induites par les processus d'assemblages eux-mêmes.

Mais la formule ci-dessus fait apparaître l'importance de la cohérence de l'efficacité des tests et surtout la nécessité d'établir correctement les valeurs ET1, ET2, ET3, .. ce qui requiert une relation client-fournisseur étroite, continue et bien organisée pour :

— définir et mesurer tous les modes de défaillance à partir de l'analyse des pièces rejetées au test, des procédures de retour et de l'analyse des pièces défectueuses ;

— définir et mesurer les défauts non-testés (tableau n° 38) ;

— définir et mesurer les défauts non-éliminés par le test du fait de ses imperfections (tableau n° 38) ;

— mettre en place une action corrective commune pour optimiser l'efficacité des tests et réduire en permanence les taux de défaillance.

L'affectation d'une personne spécialisée ou d'un groupe chez l'utilisateur ou client peut se justifier pleinement.

REMARQUES : 1. Nous venons de considérer les défauts au temps t = zéro. A ces défauts s'ajoutent les défauts de fiabilité c'est-à-dire dépendant du temps. Le client de l'entreprise subit indistinctement les uns et les autres au fil du temps. Car les Défauts T_0 se manifestent en fonction des applications nouvelles de l'équipement (schéma n° 42)

Schéma n° 42

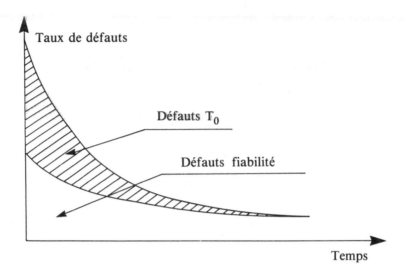

Livrer des produits sans défaut implique donc pour l'entreprise :
— l'amélioration continue de la fiabilité de ses produits, à partir des méthodes de déverminage et d'analyse de défaillance qui conduiront à des actions correctives sur la conception des produits, la mise sous contrôle des processus de production, l'élaboration de modèles de défaillance, etc...
— l'amélioration continue du taux de Défauts T_0 à partir de l'augmentation de l'efficacité des tests, d'une logistique de suivi, de retour et d'analyse des pièces défectueuses, etc...
2. L'impact sur les coûts de la Qualité du taux de Défauts T_0 est d'autant plus élevé que les différents niveaux d'assemblage intègrent un nombre élevé de composants. Supposons par exemple qu'un module soit fait de 100 composants et que ceux-ci aient tous la même probabilité de contenir un défaut. Dans ces conditions un taux de Défauts T_0 des composants de 1 % entraîne un taux de Défauts T_0 du module supérieur à 60 %. Ce coefficient d'amplification important implique une action d'amélioration d'autant plus efficace au niveau des composants. Les taux de défauts entrent alors dans le domaine des ppm (parties par million) avec pour corollaire, la difficulté des évaluations par échantillonnage, le traitement des événements rares, etc... comme nous l'avons vu au chapitre des Concepts.
3. Nous venons d'évoquer le cas d'un processus complexe de production avec les composants électroniques comme éléments de base. Nous sommes conduits à penser que des phénomènes analogues existent dans les processus administratifs, dans tous les processus ; par conséquent des solutions analogues devraient s'y appliquer.

3 — COÛT D'OBTENTION DE LA QUALITÉ (C.O.Q.)

3 - 1 — DÉFINITION

Par convention, le coût d'obtention de la qualité d'une collectivité (C.O.Q.) est la somme des dépenses :
— de Prévention (P)
— d' Evaluation (E)
— de Défaillances (D)

Le tableau n° 43 ci-après donne un certain nombre d'exemples dans ces trois domaines.

Le C.O.Q. s'applique à toute collectivité qu'elle soit privée (entreprise, usine, banque, magasin, etc) ou publique (mairie, poste, banque, etc).

Le C.O.Q. s'applique également à toute collectivité, partie ou sous-ensemble d'une plus grande collectivité :
— l'usine ou le service commercial d'une entreprise,
— la filiale d'une entreprise, le magasin d'une chaîne de distribution, une agence bancaire, le rayon d'un grand magasin,
— l'atelier d'usinage ou le service achat d'une usine, etc.

Le C.O.Q. s'exprimera généralement en pourcentage du chiffre d'affaires, de la valeur ajoutée, ou de toute autre mesure financière globale de la collectivité considérée.

Le C.O.Q. peut ne pas être évalué avec une grande précision, ou de façon complète, mais pour être utile le C.O.Q. doit être évalué de façon identique dans le temps afin de comparer le résultat avec les valeurs des périodes précédentes. Une évaluation par an est généralement suffisante.

Tableau n° 43

EXEMPLE DE C.O.Q.

COÛTS DE PRÉVENTION	COÛTS DE DÉFAILLANCES
• fonction qualité • formation • méthodes • qualification des fournisseurs • simulation • modélisation • optimisation des stocks • documentation postes de travail • listes de vérification • maquettes • prototypes • utilisation optimum des équipts • analyse des processus • fiabilité des fichiers — clients — fournisseurs — pièces — temps unitaires • automatisation • information/communication • etc.	*internes* • retravaillages/recyclages • retouches • ferraillages (rebuts-surplus) • pertes d'énergie • surfaces pléthoriques • immobilisation équipements/stocks • inventaires surabondants • rééditions-réexpéditions • pertes de temps • — pièces non conformes — dossiers incomplets/imprécis — outillages indisponibles • inefficacité des réunions • oublis - agitation injustifiée • non-respect des temps unitaires • délais non tenus • absentéisme/accidents du travail • heures supplémentaires • diagnostics imparfaits • devis incomplets/erronés • factures en retard • pertes outillages
COÛTS D'ÉVALUATION	• casse en cours processus • gaspillage pièces, matières premières • approvisionnement défectueux • changements techniques • mauvaise plannification • temps de cycle trop longs • temps changement d'outils trop longs • etc.
• contrôle réception • test final • contrôles de conformité au cours des processus • essais avant livraison • contrôle devis • contrôle commandes • contrôle factures • audit • indicateurs de gestion • etc.	*externes* • facture erronée • retard paiements/frais financiers • réclamations client • immobilisation marchandises • garanties • procès/pénalités • dégradation image de marque • échange standard de pièces • etc.

Classement des défaillances :

On distinguera 3 types de défaillances (schéma n° 44) :
— les défaillances subies (ou reçues) Ds
— les défaillances créées (ou propres) Dc
— et les défaillances envoyées à l'extérieur (ou livrées) De

Les défaillances subies peuvent faire l'objet, en tout ou en partie d'une action, de correction ou de ferraillage dans la collectivité considérée (Dsc) Une partie peut passer sans intervention vers l'extérieur (Dse)

$$Ds = Dsc + Dse$$

Les défaillances propres (créées par la collectivité) peuvent faire l'objet, en tout ou en partie d'une action de correction ou de retravaillage dans la collectivité (Dcc) ; une partie peut passer sans intervention vers l'extérieur (Dce).

$$Dc = Dcc + Dce$$

Schéma n° 44

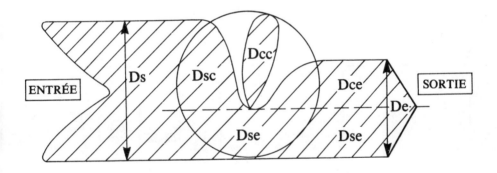

Les défaillances envoyées à l'extérieur sont donc :

$$De = Dce + Dse$$

Les actions qualité pour diminuer ces postes sont de nature différente suivant que les défaillances sont subies, ou que les défaillances sont propres.

Dans le premier cas, elles impliquent une relation client-fournisseur externe (R-C-FE) conduisant par exemple à un programme zéro-défaut commun entre l'entreprise et son fournisseur (qualification du fournisseur). L'entreprise ne se limite plus à rejeter et/ou pénaliser, mais contribue par ses analyses internes à améliorer les performances de son fournisseur (réduction des taux de défauts à l'entrée entraînant une réduction des défaillances internes Dsc et du taux de défauts à la sortie Dse).

Dans le deuxième cas, elles impliquent une relation client externe fournisseur (R-CE-F). L'entreprise s'attache alors à comprendre et à étudier chez son client (parfois en détachant une personne ou un groupe) les causes de défaillances qu'elle crée (réduction de Dce).

3 - 2 — USAGES DU C.O.Q.

Le C.O.Q. a fondamentalement trois usages :

3 - 2 - 1 — *Sensibiliser la Direction Générale*

Le C.O.Q. est en effet une mesure de la réserve de compétitivité ou de profitabilité de l'entreprise, c'est-à-dire de la réserve d'efficacité de la collectivité en question.

Schéma n° 45

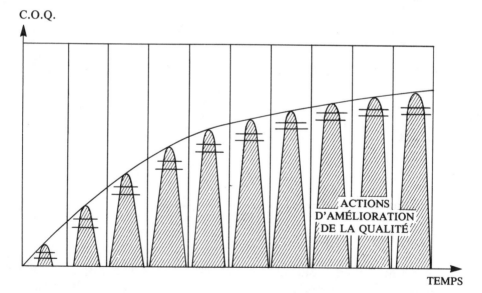

Lors de la découverte d'un gisement pétrolier, la première démarche consiste à en évaluer les réserves par des sondages légers permettant de déterminer l'étendue du gisement et son contenu ; la deuxième démarche consiste à créer un plan d'investissement lourd pour en extraire les réserves.

De même le C.O.Q. est l'identification d'une partie des réserves de profitabilité ou de compétitivité de l'entreprise, les actions Qualité étant le moyen d'extraire une partie de ces réserves (schéma n° 45).

La plus grande partie du C.O.Q. étant généralement constituée de dépenses liées aux défaillances (voir tableau n° 46), la direction générale a, grâce au C.O.Q., non seulement une identification des réserves, mais également une évaluation des dépenses financières qu'elle peut engager raisonnablement en prévention dans le but de diminuer le C.O.Q. de façon sensible, par exemple de moitié dans les 5 à 10 ans à venir.

On associe encore au C.O.Q. la notion d'usine ou d'entreprise fantôme ou encore la valeur ajoutée non utile de l'entreprise si l'on considère l'entreprise comme une collectivité qui crée de la valeur ajoutée pour "l'exporter". *L'usine fantôme ou l'entreprise fantôme* est celle qui travaille pour rien, créant une valeur ajoutée inutile,

- soit parce qu'elle n'est pas exportée (ferraillages internes),
- soit parce qu'exportée elle n'a pas de valeur d'usage pour le client (fonction inutile ou coût trop élevé).

Nous rejoignons ici l'analyse de la valeur.

3 - 2 - 2 — Indiquer au Management les zones de gisements riches où il faut "forer", c'est-à-dire investir en actions préventives Qualité. Le directeur général constatera en analysant le C.O.Q. de son entreprise qu'un poste prioritaire d'amélioration de la qualité n'est pas comme il le croyait les frais de garantie de son service après vente, mais plutôt les frais financiers de ses arriérés ou comptes à recevoir, ou encore les frais financiers des inventaires de ses magasins ou de ses travaux en cours.

3 - 2 - 3 — Démontrer à la Direction Générale à postériori que le mouvement Qualité est dans la bonne voie, c'est-à-dire qu'il améliore la compétitivité de l'entreprise. Nous verrons que ce dernier point mérite une attention et une interprétation particulière des résultats (cf. C.O.Q. par produit).

Tableau n° 46

COUT D'OBTENTION DE LA QUALITÉ

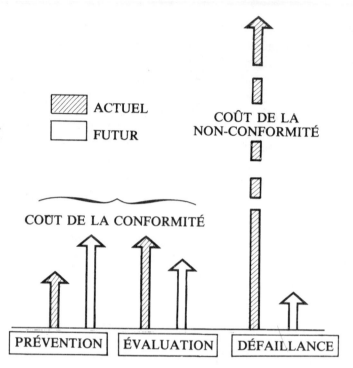

Actuel	10 à 40 %	du chiffre d'affaires
Futur	5 à 10 %	du chiffre d'affaires
		(long terme)

3 - 3 — EVALUATION DU C.O.Q.

Nous examinerons 3 types principaux d'évaluation du C.O.Q. et nous comparerons leurs mérites respectifs. Le C.O.Q. peut en effet être évalué :
- par le service financier/comptable de la collectivité.
- par une approche fine de description de la collectivité en tâches élémentaires au sein des sections, services, départements ou fonctions qui la composent.
- par produit, en fonction des prévisions des ventes ou des frais à encourir pour un produit considéré (développement, production, commercialisation, après vente, etc.).

3 - 3 - 1 — Le C.O.Q. comptable

Le C.O.Q. comptable sera établi par la Direction Financière qui classera les grands postes de dépenses de la collectivité dans les 3 rubiques (P) (E) (D).

Le complément à 100 % sera appelé (B) ou base.

Les postes à prendre en compte seront revus avec la direction et avec les fonctions considérées de l'entreprise. Par exemple, on passera toutes les dépenses de formation en prévention, ou bien on considérera arbitrairement que 80 % de ces dépenses sont de prévention, et 20 % de défaillance pour tenir compte d'un remplissage des cours à 80 %.

Dans le cas d'un service de contrôle financier qui fonctionnerait avec 20 % de dépenses de défaillance, on indiquera que 80 % des dépenses de ce service sont des dépenses d'évaluation.

Ce C.O.Q. a l'avantage d'être rapide à établir. Il est peu précis mais avec une bonne analyse préalable avec les fonctions principales de la collectivité, il permet d'avoir une première évaluation qui est souvent proche de ce que les études fines fournissent. Il faut rappeler toutefois que ce C.O.Q. ne prend pas en compte les défaillances externes.

3 - 3 - 2 — Description et Analyse d'Activités — La D.A.A. —

Cette méthode consiste à réaliser une analyse fine par section, service, département, fonction, en partant de la plus petite unité hiérarchique existante.

Pour chaque unité hiérarchique de base (le service) le manager procèdera à une analyse de la mission de son service en tâches élémentaires. Pour chaque tâche élémentaire, il déterminera si elle est à classer en Base, Prévention, Evaluation, Défaillance.

La D.A.A. étudiera la relation client-fournisseur pour déterminer les clients et fournisseurs du service défini, la valeur ajoutée par le service (voir chapitre R.C.F. interne), et donnera en récapitulatif pour le service considéré l'ensemble de ces dépenses en B + P + E + Di.

Il s'agira effectivement des défaillances (retravaillages, ferraillages) internes qui sont essentiellement : les défaillances subies et corrigées Dsc et les défaillances créées et corrigées Dcc

La D.A.A. au niveau hiérarchique immédiatement supérieur doit être reclassé pour chacune des rubriques de la D.A.A. des unités au niveau inférieur (voir chapitre R.C.F. interne).

Par exemple, le service formation ou Assurance de Qualité d'une entreprise pourront avoir des dépenses de base dans l'évaluation de leurs D.A.A. respectives, mais pas dans la synthèse au niveau de l'entreprise.

La D.A.A. permet une bonne analyse fine des différentes catégories du C.O.Q. avec cependant une relative difficulté à juger des défaillances externes à l'entreprise. Elle permet de définir par Dsc + Dcc toutes les défaillances internes à la collectivité.

L'analyse des Dsc permet à un service d'identifier les défaillances reçues et de les signaler à ses fournisseurs.

L'analyse des Dcc permet au manager d'améliorer l'exécution des processus dont il est responsable.

Enfin l'identification de la Base (B) donne une indication de "valeur" du processus et peut engager le manager sur la voie d'un changement de procédé pour atteindre des objectifs économiques (analyse de la valeur).

La base (B) représente en effet un processus exécuté de façon idéale par des gens parfaits et omniscients (n'ayant pas besoin d'apprendre et ne commettant aucune erreur).

3 - 3 - 3 — Le C.O.Q. par produit

Une troisième façon d'évaluer le C.O.Q. est de le segmenter par produit. Il faut alors considérer un produit pendant toute sa vie et en début de vie utiliser les prévisions année par année pour construire un C.O.Q. sur la durée de vie du produit (schéma n° 47). Ceci peut se faire si l'entreprise possède un système de planification par produit dès le début de la phase de développement permettant d'évaluer année par année des postes comptables comme :

- le coût de fabrication (y compris coût des tests, ferraillages de pièces dus à des changements techniques, etc),
- le coût du service après vente (y compris le coût des pannes par type, les frais financiers d'inventaire de pièces de rechange, les frais de formation technique du service après vente, les coûts de documentation, etc),
- les coûts de vente et d'administration, etc
- et enfin le chiffre d'affaires annuel attendu.

On s'aperçoit, lorsque l'on dispose de ces informations, que le C.O.Q. d'un produit suit une courbe d'apprentissage liée au passage du produit du stade de nouveauté au stade de maturité avec, corrélativement, le passage d'un chiffre d'affaires faible au chiffre d'affaires auquel on s'attend.

Schéma n° 47

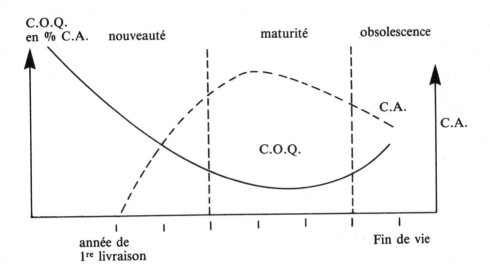

Lorsque le produit est parfaitement stabilisé et qu'il passe à l'état d'obsolescence, le C.O.Q. peut remonter (impact des frais fixes, etc).

Nous verrons ultérieurement les implications que cela induit.

Le C.O.Q. par produit peut également être analysé sur une période courte à la manière d'un cliché photographique. Cette dernière méthode a l'avantage d'indiquer les origines des dépenses de non qualité tout au long du processus qui conduit à la réalisation du produit. Ceci permet d'établir des priorités pour les actions d'amélioration de la Qualité.

3 - 3 - 4 — *Mérites respectifs de ces 3 types d'évaluation du C.O.Q.*

Le C.O.Q. comptable donne une vue globale du C.O.Q. de la collectivité : le plus souvent du C.O.Q. interne, car il n'est pas toujours facile de déterminer le coût des défaillances externes (ex : usine de sous-assemblage dans un groupe automobile). Il est peu utilisable pour engendrer des actions précises d'amélioration de la qualité au niveau des postes de travail. Il joue un rôle de baromètre.

La D.A.A. permet par contre de lancer des actions Qualité spécifiques pour diminuer les postes de défaillances. Là aussi les défaillances externes ne sont généralement pas prises en compte. On agira donc sur les défaillances internes créées ou subies. Il faudra éviter de tomber dans une suboptimisation néfaste (celle qui, diminuant les défaillances internes, augmente les défaillances externes). Il faudra donc s'assurer à chaque diminution des défaillances internes que les défaillances externes n'augmentent pas.

Enfin le C.O.Q. par produit a l'avantage de permettre de prendre des actions par produit. Il est cependant basé sur des données prévisionnelles en début de lancement et nécessite par conséquent une réévaluation fréquente tant que l'on n'a pas accumulé suffisamment de données sur le produit.

D'une façon générale, ces C.O.Q. ont leurs intérêts respectifs et décrivent des réalités complémentaires.

3 - 4 — ÉCUEILS DU C.O.Q.

Sans vouloir être exhaustif, nous proposons cependant quelques sujets de réflexion sur les précautions à prendre lorsque l'on veut se servir du C.O.Q. comme l'un des outils du mouvement Qualité.

3 - 4 - 1 — Le C.O.Q. n'est pas additionable sans précaution

Considérons le C.O.Q. d'une collectivité D constituée de 3 sous-collectivités A, B et C. (schéma n° 48)

$D = A + B + C$
Nous disons que $C.O.Q._D \neq C.O.Q._A + C.O.Q._B + C.O.Q._C$

Schéma n° 48

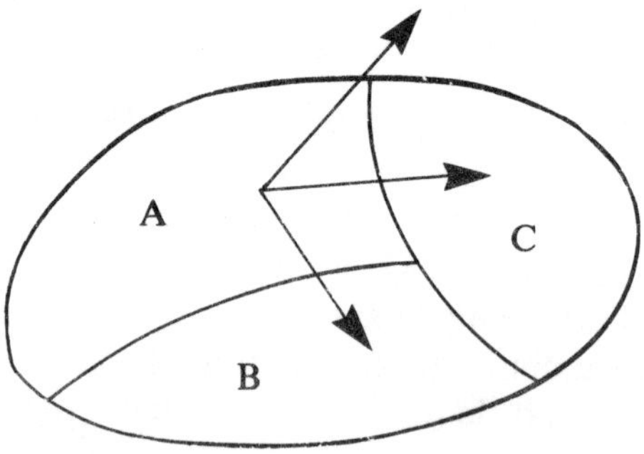

Effectivement, la collectivité A enverra des défaillances,
— soit vers B ou C,
— soit vers l'extérieur.

Celles envoyées en B et C seraient comptées 2 fois (externes pour A, internes pour B ou C)

Ce qui est sommable, c'est le C.O.Q. interne C.O.Qi = P + E + Di à l'exclusion de toute défaillance externe.

3 - 4 - 2 — *L'augmentation des dépenses de prévention* même si on est sûr qu'elles induiront une plus grande réduction de dépenses de défaillances, n'induit pas pour autant une diminution *immédiate* du C.O.Q.

Exemple : Un programme de formation en atelier ne donnera une réduction des coûts de garantie que quelques années après dans une industrie type automobile.

D'une façon générale, les dépenses de prévention et les économies de défaillances ne sont pas concommittantes. Les dépenses de prévention peuvent donc induire au départ une certaine augmentation du C.O.Q. avant sa diminution.

3 - 4 - 3 — *La minimisation des défaillances internes* n'est pas nécessairement la bonne décision.

C'est celle qui est la plus facile à décider pour le manager car c'est celle sur laquelle il pense qu'il a la meilleure connaissance et le plus d'influence.

Il faut s'assurer que la diminution de Di n'entraîne pas une augmentation des défaillances externes. En fait dans le cas d'une collectivité composée de 2 sous-collectivités, on peut avoir à faire face à des situations complexes telles qu'une diminution de DiA entraîne une augmentation de DiB supérieure, de telle sorte que

$$Di_A + Di_B > 0 \text{ avec De constant ou décroissant.}$$

Dans ce cas, la diminution des défaillances dans la section A entraîne une augmentation supérieure des défaillances dans la section B, mais n'augmente pas les défaillances externes à (A + B). Nous voyons ici les risques de suboptimisation néfaste et l'aspect systémique du C.O.Q.

3 - 4 - 4 — *La variation du C.O.Q. rapporté au chiffre d'affaires (C-A)* est due :
— soit à une variation du C.O.Q.,
— soit à une variation en sens inverse du C.A.

Dans le cas où un atelier fonctionne avec des frais fixes importants par rapport aux frais variables, on peut avoir un C.O.Q. relatif croissant malgré des actions d'amélioration de la qualité concrètes du fait d'une variation importante du volume d'affaires.

De même, dans une usine, pour minimiser l'impact de variations importantes d'inventaires, on pourra rapporter le C.O.Q. aux entrées comptables plutôt qu'aux sorties comptables.

3 - 4 - 5 — Le C.O.Q. est fonction de la gamme de produit

Supposant que les C.O.Q. des produits suivent en général une courbe d'apprentissage, une usine ou une entreprise lançant simultanément beaucoup de nouveaux produits après une période de relative obsolescence, verra son C.O.Q. global brusquement remonter malgré un programme d'action Qualité tout à fait efficace. A contrario une usine ou entreprise ne lançant aucun nouveau produit sur une période devrait voir, par la courbe d'apprentissage, son C.O.Q. diminuer, même en l'absence d'actions volontaires d'amélioration de la qualité.

3 - 4 - 6 — Le C.O.Q. comporte des dépenses de défaillances subies

Celles-ci peuvent fluctuer et dans certains cas sans que la collectivité en question ne puisse les influencer en aucune façon.

Par exemple, une nouvelle législation peut induire l'abandon d'études coûteuses au niveau d'un laboratoire de développement de produits pharmaceutiques.

3 - 4 - 7 — Le C.O.Q. peut quelquefois être négatif

On sait qu'on n'obtient jamais un rendement de fabrication égal à 100 % dans une industrie de semi-conducteurs.

Donc évaluer le C.O.Q. d'une ligne de semi-conducteurs par rapport au rendement de 100 % peut paraître utopique. Certains préfèrent l'évaluer par rapport au rendement maximum estimé pour cette production (souvent significativement inférieur à 100 %). Il peut arriver, et il arrive, que ces rendements maxima évalués soient dépassés. Dans ce cas, le résultat du calcul donne un C.O.Q. négatif.

Il faut bien entendu changer les règles de calcul pour éliminer les C.O.Q. négatifs. Ceux-ci risquent dans une addition ultérieure de masquer la réalité des choses.

3 - 5 — QUALITÉ ET PRODUCTIVITÉ

Il faut se rendre à l'évidence que Qualité et Productivité sont deux concepts pour lesquels l'entreprise performante se bat. Il est important de rechercher les relations qui existent entre ces deux concepts car
— d'une part l'entreprise recherche l'amélioration continue de la qualité et de la productivité,
— et d'autre part, comme nous allons le montrer, tous les cas de figure sont possibles (schéma n° 49)

Schéma n° 49

	Q ↗	Q ↘	P ↗	P ↘
Q ↗			X	X
Q ↘			X	X
P ↗	X	X		
P ↘	X	X		

Définissons pour ce faire les coûts de fonctionnement d'une collectivité, que nous appellerons

Coût du produit du travail = C.P.T.
C.P.T. = B + P + E + Di

Par ailleurs :
C.O.Q. = P + E + Di + De
C.O.Q. = C.O.Qi + De

Supposons que l'unité en question produise des objets en série tous identiques, le coût rapporté à un objet est en relation directe avec la productivité (P = 1/C.P.T.) (tableau n° 50)

$1/P$ = B + P + E + Di

d'où les relations Qualité/Productivité

$$1/P = C.O.Qi + B = C.O.Q. + B - De$$

L'entreprise est donc intéressée à poursuivre 3 buts :

↘ mimimiser De   : la qualité au client
↘ minimiser C.O.Q. : la qualité au client
                     et au sein de l'entreprise
↗ maximiser P : la productivité de l'entreprise.

Tableau n° 50

QUALITÉ ET PRODUCTIVITÉ

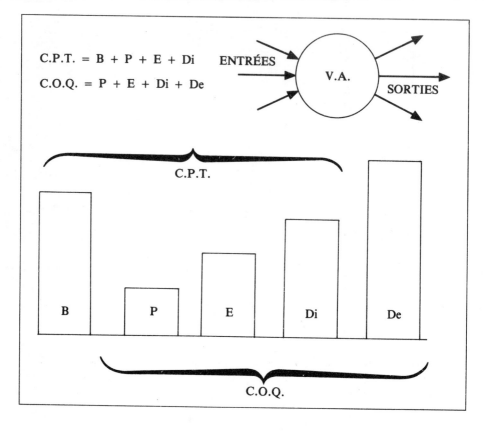

C. P. T. : Coût du Produit du Travail ou valeur ajoutée (V.A.) d'un processus.

C.O.Q. : Coût d'Obtention de la Qualité.

L'entreprise pourra travailler à "B" constant, c'est-à-dire avec *un processus donné* et en améliorer l'exécution. Ou bien elle choisira de modifier son processus B en B' et induira un nouveau jeu de valeurs P', E', Di' et De'.

Nous voyons qu'il faut se garder de formules simples ou naïves du type « quand on améliore la qualité, on améliore la productivité du même coup ». Ceci est possible, mais ce n'est pas toujours le cas.

Nous conclurons sur le C.O.Q. par une recommandation : l'usage du C.O.Q. requiert une connaissance préalable détaillée non négligeable du concept, faute de quoi il peut induire la direction générale en erreur et/ou donner lieu à des phénomènes bureaucratiques nuisibles (par exemple : objectifs parcellaires donnés par le management aux diverses fonctions de l'entreprise, ou bien outil de la fonction finance pour refuser certains investissements de prévention, etc).

4 — ÉTUDES D'OPINION QUALITÉ

INTRODUCTION

L'étude d'opinion est un moyen statistique de connaitre à un moment donné la position du personnel sur un sujet d'intérêt général, à l'aide de questions précises.

Elle est utilisée dans certaines entreprises pour analyser les sources de satisfaction et d'insatisfaction du personnel dans le cadre de ses activités professionnelles, missions, objectifs, relations avec l'encadrement et avec ses collègues, etc...

Ce moyen de mesure s'applique donc naturellement au mouvement Qualité dans l'entreprise pour connaitre comment celui-ci est perçu, quels en sont les éléments moteurs, les points bloquants, etc ...

L'étude d'opinion apparait ainsi comme le précieux auxiliaire des rapports quantitatifs, des états périodiques qui, s'ils expriment bien une progression chiffrée de l'adhésion du personnel (nombre de groupes, d'indicateurs Qualité, de personnes formées, etc..), n'apportent que peu d'informations quant au niveau de maturité de la population concernée vis-à-vis de la Qualité, ni d'explications sur ce qui pousse l'individu à l'action ou sur ce qui l'inhibe.

L'étude d'opinion est donc un outil privilégié pour analyser la pénétration du mouvement Qualité dans un milieu donné.

Il y a lieu de distinguer deux types d'études :
— l'étude d'opinion générale
— l'étude d'opinion partielle ou par échantillonnage

4 - 1 — ETUDE D'OPINION GENERALE

La totalité des membres de l'entreprise est consultée sur un certain nombre de questions relatives au développement et aux résultats du programme Qualité. Nous présentons ci-après, à titre d'exemple, la liste des questions d'une étude d'opinion spécifiquement Qualité ou à incorporer dans une étude d'opinion générale couvrant les multiples aspects de la vie de l'entreprise (tableau n° 51 bis, p. 171)

Mais essayons de définir les caractères principaux, le mode opératoire et l'intérêt fondamental de l'étude d'opinion.

4 - 1 - 1 — Caractéristiques de l'étude d'opinion

1. L'étude est anonyme. Son organisation est telle qu'il n'est pas possible de reconnaître la réponse d'une personne ni d'identifier celle-ci, soit nominativement soit en tant que membre d'un groupe numériquement faible. Dans ce but, des règles strictes doivent être établies ; entre autres, tout groupe identifiable de moins de 7 ou 8 personnes est rattaché systématiquement au groupe supérieur.

2. Toutes les questions sont fermées, c'est-à-dire qu'il suffit de choisir l'une des réponses préétablies. Les propositions de réponse pour une question donnée couvrent la plupart du temps le spectre allant du "très favorable" au "très défavorable", du "très satisfait" au "très insatisfait", du "oui" au "non". Mais chacune permet en outre de ne pas prendre position : "Je n'ai pas d'opinion — Je ne sais pas". Réponses qui ont une signification et qui seront exploitées.

3. Il est recommandé de concevoir le questionnaire avec un nombre égal de types de réponses positives (ou favorables) et de réponses négatives (ou défavorables).

4. Les participants ont la possibilité d'ajouter des commentaires sur une feuille prévue à cet usage. Ils explicitent ainsi leurs convictions, leurs critiques, leurs suggestions.

5. Chaque entité fonctionnelle reçoit intégralement les résultats de l'étude qui lui sont propres. Elle en est la seule destinataire mais se doit de présenter son bilan au niveau de management immédiatement supérieur. C'est ainsi que chaque grande fonction présente l'état de sa situation au chef d'entreprise.

6. Par ailleurs, chaque manager se doit de communiquer les résultats de son domaine à l'ensemble de son personnel, résultats qu'il est intéressant de comparer à ceux de l'entité fonctionnelle de niveau immédiatement supérieur. C'est là l'occasion privilégiée d'un dialogue sur la qualité au sein de la fonction, du départememt et du service. C'est là aussi le juste retour d'une information à laquelle tout participant à l'étude a droit compte tenu de son apport personnel.

4 - 1 - 2 — Déroulement de l'étude

Il est utile de distinguer quatre phases.

Phase 1 — établissement du questionnaire

Le questionnaire est établi avec beaucoup de soin et de réflexion. La clarté s'impose sur tout ce que l'on cherche à connaitre ; cela nécessite du temps, des consultations, des itérations.

La formulation des questions doit être simple, compréhensible par tous. On évitera les périphrases, les expressions inutiles. chaque mot compte et toute ambiguïté est à exclure. Car une question interprétée différemment selon les catégories ou les sensibilités de la population laissera perplexe celui qui veut en exploiter le résultat ou faussera les résultats.

Phase 2 — recueil des données

Différentes façons peuvent être envisagées pour faire participer le personnel à l'étude annoncée. Nous en citerons deux - les plus usuelles :

La première consiste à inviter tous les membres de l'entreprise, par la voie hiérarchique, à venir remplir le questionnaire dans une salle spécialement aménagée à cet effet. Un responsable fournit sur les lieux toutes les informations et documents utiles.

La seconde consiste à procéder par le courrier interne de l'entreprise. Tous les membres de celle-ci reçoivent une enveloppe contenant, outre le questionnaire et la feuille de réponse, une note explicative sur le mode opératoire et une lettre d'accompagnement du chef d'entreprise qui encourage à la participation. Une enveloppe à l'adresse du centre d'exploitation simplifie le processus du retour, préserve l'anonymat et minimise les risques d'erreurs.

Cette seconde manière d'opérer conduit généralement à un taux de participation plus faible.

Enfin le format de la feuille de réponse est étudié pour être simple, pratique d'emploi et fiable. Il est incitatif et non dissuasif.

En principe le participant ne doit avoir qu'à cocher la case correspondant à sa situation ou à son choix parmi un ensemble de propositions.

C'est ainsi qu'il indiquera sa catégorie professionnelle, son âge, son unité d'appartenance, son lieu de travail, son type d'horaire, etc...

C'est ainsi également qu'il pointera la réponse qu'il fait sienne parmi celles proposées.

Phase 3 — exploitation des réponses - résultats bruts

Les réponses au questionnaire doivent être traitées de façon fiable, si possible par des moyens informatiques, dans un centre d'exploitation indépendant de l'unité concernée pour des raisons d'éthique. Le traitement des données doit être suffisamment souple dans sa conception pour permettre toutes les analyses souhaitées. Mais il doit être rigoureux dans son exécution pour utiliser toute l'information disponible et conduire à des bilans statistiques fiables. Ceux-ci seront présentés sous la forme d'histogrammes ou de distributions visualisant les situations diverses. Par exemple, la réponse d'une population donnée à une question donnée apparaitra graphiquement sur une échelle indiquant le taux de favorables, neutres, défavorables. Ou bien pour cette même question apparaitront la distribution par catégories professionnelles (managers aux différents niveaux, techniciens, informaticiens, administratifs, opérateurs, etc.) ou encore la distribution par âge. Le graphique pourra différencier les réponses suivant deux populations : cadres et non-cadres, managers et non-managers, hommes et femmes, etc.

Phase 4 — analyse des résultats - recherche des conclusions

Cette base de données, synthétisée, exploitée statistiquement est alors l'objet d'analyse approfondie et méthodique en série : par le manager lui-même, par le manager avec son supérieur hiérarchique, par le manager avec l'ensemble de ses collaborateurs. Ces analyses ainsi que la comparaison de chaque résultat à celui de l'entité fonctionnelle immédiatement supérieure vont permettre de dégager les sujets de préoccupation, les problèmes, les voies d'amélioration.

C'est alors que l'étude peut être affinée par des demandes d'information additionnelles au centre d'exploitation, éclairage nouveau sur un aspect de la situation, pouvant conduire à l'explication des phénomènes observés. Comment se comportent les membres des cercles de Qualité par rapport aux non-membres ? La pratique du travail en groupe (C.Q et G.A.Q.) modifie t-elle la perception qu'ont les participants de leur manager ? Leur confiance dans l'entreprise ? Remarquant qu'une catégorie professionnelle est en retrait par rapport aux autres, cherchons à voir si l'âge, l'appartenance à certaines fonctions, les contraintes de charge, d'horaires, etc.. ont un impact sur le résultat ?

Ainsi de proche en proche, par comparaisons, corrélations, études de causes possibles, consultations, analyse de données complémentaires, nous affinons l'interprétation des résultats. Nos déductions successives nous acheminent vers l'établissement d'une série de constats dûment étayés par les bases de données constituées.

Et c'est sur cette base que nous bâtirons le plan d'action le mieux adapté pour obtenir une position du personnel plus favorable au mouvement Qualité et créer les conditions d'une meilleure adhésion.

4 - 1 - 3 — Intérêt de l'étude d'opinion générale

L'étude permet des observations variées

Elle fournit à un moment donné, une photographie des opinions et ceci sous des angles différents.

Les possibilités d'image sont en effet très étendues si l'on combine les facteurs suivants :

1. Différentes catégories de personnel envisagées (par âge, par sexe, par profession).
2. Découpage géographique et organisationnel plus ou moins fin de l'entreprise. Chaque type de tri respectera la règle d'effectif minimum préservant l'anonymat.

Ceci permet à l'évidence une grande souplesse d'exploitation, donc l'analyse et l'étude ponctuelle de tout problème préoccupant ou de tout sujet d'intérêt.

Ces analyses, nous l'avons vu, sont déclenchées à la demande, selon les besoins. On peut par exemple dresser la cartographie de l'entreprise sur une question précise ou bien différencier des populations pour les comparer (cadres/non-cadres, managers/non-managers, etc..) ou encore établir des index généraux significatfifs en combinant les resultats de plusieurs questions.

C'est ainsi que l'on définira un index Qualité au niveau de l'entreprise au même titre que l'on pourrait définir un index sur le climat, la vitalité, l'attachement à l'entreprise, etc...

Cette finesse et cette variété d'observations conduisant aux conclusions d'amélioration, est l'atout majeur de l'enquête d'opinion.

L'étude révèle les préoccupations du personnel

N'a-t-on pas constaté que le programme Qualité constituait par exemple un pôle d'intérêt, une attente pour certaines catégories de personnel ?

— Vous considérez-vous bien informés sur la Qualité ?
— Voudriez-vous en savoir davantage ?
— Qu'est-ce-qui vous pousse à améliorer la Qualité ?
  (liste proposée*)
— Qu'est-ce-qui vous bloque ?
  (liste proposée*)
— Qu'est-ce-qui pourrait vous aider ?
  (liste proposée*)
— Etc.

Les réponses apportent au management une meilleure compréhension des problèmes du personnel.

L'analyse des résultats permet de localiser les besoins des collaborateurs, d'en mesurer l'importance, d'identifier leurs causes dans bien des cas. Ainsi sont mis en évidence les éléments moteurs et les éléments freins, les motivations et les réticences.

---

* L'absence de liste conduirait à des questions ouvertes.

On s'attachera par exemple à vérifier s'il y a une différence significative de comportement vis à vis de la Qualité entre les membres des Cercles de Qualité et les non-membres.

Fait important, les jugements ou les appréciations se font sur des données chiffrées, qui permettent de dépasser le stade des impressions.... ou de les confirmer.

La confidentialité des informations, facteur indispensable à l'expression du personnel, doit être respectée d'un bout à l'autre du déroulement de l'étude. Les commentaires manuscrits, riche complémemt d'information, seront dactylographiés par un service extérieur à l'établissement pour protéger l'anonymat de leurs auteurs.

L'étude conduit à l'élaboration d'un plan d'amélioration

Les constats qui résultent de l'analyse des réponses sous ses différents angles, conduisent au plan d'action pour améliorer toute situation qui le nécessite, en commençant par celle jugée la plus critique.

Il est important d'associer le personnel à la recherche des actions d'amélioration. Sa connaissance de l'environnement, sa réflexion et sa créativité, jointes à sa volonté de faire "changer les choses" représentent un apport considérable dans l'élaboration des plans. Le fait pour le personnel de participer aux plans le rendra d'autant plus solidaire des objectifs à atteindre.

Les échanges entre collaborateurs et managers qui succèdent à l'étude d'opinion feront l'objet de beaucoup d'attention. Les réunions, de type participatif, favoriseront l'adhésion d'une majorité, sinon le consensus, pour mener à bien les propositions retenues.

L'étude est un outil de mesure de la progression

Une étude fait le point d'une situation à un moment donné. Des études périodiques permettent par points successifs de contrôler la route suivie .

La question se pose alors de la fréquence raisonnable de ces études et aussi de leur degré de précision.

Compte tenu des moyens logistiques à mettre en place, d'un risque de lassitude du personnel, il semble qu'un intervalle de deux ans soit un bon compromis. Dans cet intervalle, une "mini enquête" d'opinion permet au besoin de faire un point intermédiaire.

D'une étude à une autre, il faut s'efforcer de rendre toutes choses comparables. La formulation des questions doit être identique, la procédure du déroulement et de l'exploitation des données la plus reproductible possible. La population a pu changer ; il faut en tenir compte dans l'interprétation des résultats.

L'intérêt manifeste de l'étude peut n'apparaître qu'après la deuxième consultation, quand le management a la possibilité d'apprécier les gains réalisés, l'efficacité de son plan d'action.

Mais dès la première étude, celle-ci apporte son flot de découvertes : certaines questions ont des pourcentages élevés de réponses favorables, d'autres des pourcentages significatifs de réponses défavorables. Généralement le personnel est favorable dans son ensemble à la Qualité ; par contre il comprend moins bien comment on la mesure.

Quand on connait par ailleurs la volonté ferme, et sans retour de la direction d'orienter l'entreprise dans la voie de la Qualité, toute la ligne de management ne doit-elle pas s'interroger et mesurer l'étendue de son rôle et de ses responsabilités ?

Conscient de l'existence des deux pôles où se manifestent d'une part une attente, une réceptivité et d'autre part une volonté, un engagement irréversible, tout manager ne réalisera-t-il pas qu'il détient la clé de passage du flux novateur ?

En d'autres termes la clé de la réussite ou de l'échec du programme Qualité ?

4 - 2 — L'ÉTUDE D'OPINION PAR ÉCHANTILLONNAGE

Nous distinguerons la consultation écrite et la consultation par entretien.

4 - 2 - 1 — Mini-étude d'opinion

Il s'agit en fait de l'étude effectuée auprès d'un échantillon de personnel représentatif de la population totale.

L'intérêt d'une telle consultation est le même que celui de l'enquête générale, au niveau de confiance près, concernant les résultats statistiques. Elle fournit à un coût réduit et avec une précision moindre, une mesure de l'évolution à un moment choisi.

La procédure de la mini-étude est tout a fait semblable à celle de l'étude générale.

En particulier les questions sont identiques mais moins nombreuses, leur exploitation se fait dans des conditions très voisines.

L'allègement de la charge (logistique de la consultation et traitement des informations) rend ce type d'étude plus facile à déclencher. La difficulté principale réside dans la définition de l'échantillon ; la moins bonne précision des données conduit à une interprétation des résultats plus nuancée.

Mais la comparaison avec les résultats de l'étude générale demeure tout à fait valable.

4 - 2 - 2 — *Enquête par entretiens*

C'est un outil très souple, très riche, d'une grande facilité de mise en oeuvre.

Mais sa validité statistique est plus limitée que celle des enquêtes précédentes. Il n'est efficace en fait que pour cerner un problème ou un sujet bien précis.

On observe un ralentissement ou un plafonnnement dans la croissance du nombre de C.Q. ou de G.A.Q : Pourquoi ?

Telle catégorie du personnel se désintéresse du programme Qualité : Pourquoi ?

Une fonction donnée a une réaction différente de celle de l'entreprise au concept relation client-fournisseur (mise en œuvre de la D.A.A.) : Pourquoi ? etc.

Le déroulement de l'étude consiste en une série d'entretiens faits par un spécialiste psycho-sociologue auprès d'un échantillon de personnes représentatif de la population étudiée.

Ces entretiens sont forcement limités en nombre, par contre ils apportent une moisson très riche d'informations et de perceptions (schéma n° 51)

Et les idées émises couvrent un champ très large de réalités. Les causes du problème étudié en ressortiront plus ou moins explicites, plus ou moins exprimées clairement.

Du contenu des entretiens le spécialiste aura à dégager les causes principales du problème et à présenter des recommandations.

4 - 3 — CONCLUSION

L'étude d'opinion est à la fois un outil de communication et un outil de management :
— Outil de communication en ce sens qu'il appelle à des échanges entre le manager et ses collaborateurs, invite à la participation, à la contribution de tous pour améliorer.
— Outil de management en ce sens qu'il éclaire sur le cap à tenir, réoriente les actions en fonction des difficultés identifiées et préoccupations exprimées.

Elle constitue en même temps un mode d'expression, un instrument de mesure du mouvement, un guide pour améliorer.

Améliorer dans tous les domaines : les performances propres de la collectivité, les relations interfonctionnelles et les conditions de travail, la satisfaction des clients.

En un mot la Qualité.

Schéma n° 51

ENQUÊTE PAR ENTRETIEN

EXEMPLE : CAUSES D'ARRÊT DES CERCLES DE QUALITÉ

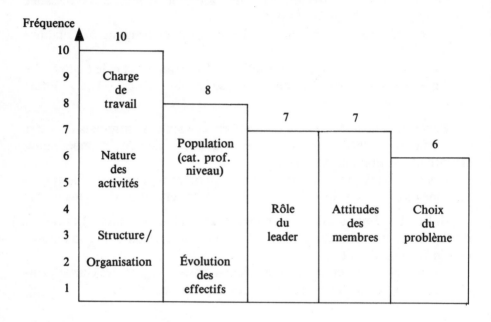

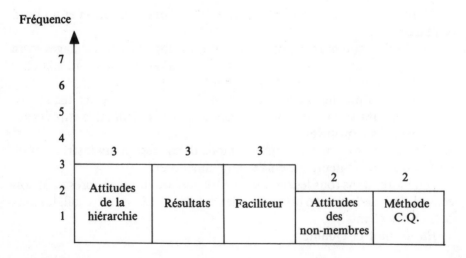

Tableau n° 51 bis

ÉTUDE OPINION QUALITÉ (EXEMPLE)

QUESTIONS

1. Dans quelle mesure êtes-vous au courant de l'importance que l'entreprise donne actuellement à la Qualité ?

    1. Dans une très large mesure
    2. Dans une large mesure
    3. Dans une certaine mesure
    4. Dans une faible mesure
    5. En aucune mesure

2. L'attitude et la façon d'agir de mon manager me montrent que la Qualité est importante ?

    1. Tout à fait d'accord
    2. D'accord
    3. ni d'accord ni en désaccord
    4. Pas d'accord
    5. Pas du tout d'accord

3. Dans quelle mesure comprenez-vous la façon de mesurer la Qualité dans votre service ?

    1. Dans une très large mesure
    2. Dans une large mesure
    3. Dans une certaine mesure
    4. Dans une faible mesure
    5. En aucune mesure
    8. Nous avons cherché des critères de mesure sans résultats définitifs à ce jour
    9. Je ne connais pas de mesures particulières de Qualité dans mon service.

4. A votre avis, y-a-t'il eu, dans les 12 derniers mois, une amélioration de la Qualité du travail réalisé dans votre service ?

    1. Oui, une très grande amélioration
    2. Oui, une légère amélioration
    3. Sans changement
    4. Non, une légère dégradation
    5. Non, une très grande dégradation
    8. Ne s'applique pas ; la Qualité est aussi élevée que possible
    9. Je ne sais pas

5. Parmi les facteurs suivants, quel est celui qui améliorerait le plus la Qualité de votre travail ?

    1. De meilleurs outils, matériaux, fournitures
    2. Un meilleur support informatique ou administratif
    3. Une organisation, des responsabilités ou des objectifs plus clairs
    4. Une amélioration de mes compétences

5. Une meilleure coopération dans le service
6. Moins de pression due à la charge
7. Une définition des normes de Qualité
8. Une amélioration des primes exceptionnelles et autres incitations
9. Je ne sais pas

6. Globalement, comment évaluez-vous votre service sur la Qualité des produits et des services fournis ?

1. Très bon
2. Bon
3. Moyen
4. Faible
5. Très faible
9. Je ne sais pas

7. Comment participez-vous actuellement au programme Qualité ?

1. Je fais partie d'un Cercle de Qualité
2. Je fais partie d'un groupe d'Amélioration de la Qualité
3. Je participe au développement des thèmes ou indicateurs Qualité de mon service sans faire partie d'un groupe
4. Je mets en pratique, dans mon travail, les principes de la Qualité sans faire partie d'un groupe
5. Je ne suis pas impliqué pour l'instant dans le programme Qualité.

5 — CONTRÔLE DES PROCESSUS

5 - 1 — POURQUOI CONTRÔLER LES PROCESSUS

Il n'y a pas de produit ou de service qui ne résulte de l'exercice d'un processus plus ou moins complexe.

Pour usiner une vis il faut :
— du matériau brut (du rond)
— des outils de découpe
— une machine-outil réglée et en bon état de marche.

Le processus d'usinage permettant de créer la vis aux bonnes cotes (diamètre, longueur, profondeur du filetage), au bon aspect visuel, etc, nécessite que l'on contrôle le matériau de départ, les outils, le réglage et l'entretien de la machine-outil.

C'est l'action préventive sur les processus conduisant à l'objet fini qui assure la qualité, en réduisant les dépenses de défaillances

Plus un produit ou un service est complexe, plus l'ensemble des processus qui permet de le réaliser est complexe, donc susceptible de défaillances. Pour produire un bon produit il faut d'abord que l'exécution du processus soit bonne.

5 - 2 — DÉFINITION D'UN PROCESSUS

Un processus est un enchaînement de tâches réalisées à l'aide de moyens tels que : personnel, équipements, informations, procédures, etc... en vue d'un résultat final escompté (produit ou service).

C'est une suite d'activités (schéma n° 52) caractérisées par :

- des entrées mesurables
- une valeur ajoutée
- des sorties mesurables
- l'aptitude à la répétition

Schéma n° 52

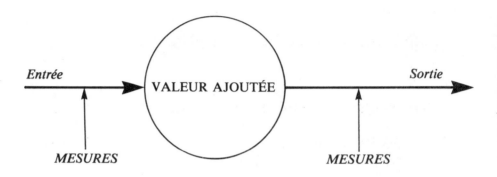

5 - 3 — **TYPOLOGIE ET STRUCTURES DES PROCESSUS**

5 - 3 - 1 — *Typologie*

On peut classer tous les processus en 3 catégories :

Type A : Les processus dont le produit est répétitif.
Processus de type "Production".
Ex : on produit des vis, toutes les mêmes.

Type B : Les processus dont le produit n'est pas répétitif mais qui utilisent une méthodologie fixe.
Processus de type administratif.
Ex : on produit des factures, ou des commandes. Il n'y a pas deux factures identiques et pourtant elles ont en commun un format, des règles, etc.

Type C : Les processus dont le produit n'est pas répétitif et qui n'utilisent aucune méthodologie fixe.
Processus de type artistique. Tous les processus de création, que ce soit de nouvelles techniques dans les laboratoires de développement, de nouvelles méthodes de fabrication, de nouveaux modes de marketing, de nouvelles pratiques de gestion.

Nous dirons que les processus de Types A et B relèvent de l'approche Qualité.

Nous dirons que les processus de Type C, au sens strict de la définition, bien que vitaux pour l'entreprise, échappent à l'approche Qualité.

L'invention du transistor (composant électronique) bien que géniale ne peut être "reproduite". Elle peut correspondre à une satisfaction de client a posteriori, mais on peut difficilement mesurer la satisfaction du client et pas du tout l'améliorer.

Cette typologie est une simplification pour l'esprit car, dans la réalité, de nombreux processus sont hybrides (A/C, B/C).

Nous nous intéresserons donc plus particulièrement aux processus de Types A et B.

5 - 3 - 2 — *Structure des processus*

L'analyse qui vient en premier est la décomposition d'un processus donné en processus élémentaires.

Un processus élémentaire est un processus (au sens de la définition donnée ci-dessus) qui n'est pas lui-même décomposable en d'autres processus.

Nous analyserons les processus en fonction du type des liaisons des processus élémentaires (par analogie avec une molécule chimique ou un circuit logique complexe).

Nous compterons les liaisons à l'entrée et les liaisons à la sortie comme dans un circuit logique (schémas n° 53, 54, 55) Voici quelques cas simples :

a) Liaison E = 1 et S = 1

Schéma n° 53

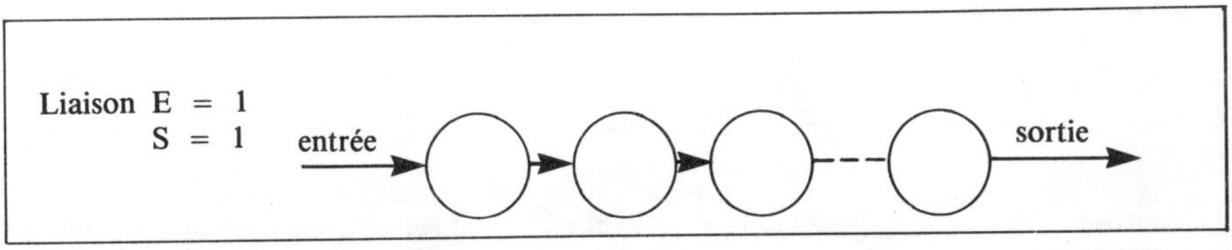

Liaison E = 1
        S = 1   entrée → ◯ → ◯ → ◯ --- ◯ → sortie

Il s'agit d'un processus unidimensionnel.
C'est le modèle simplifié des processus technologiques, de type :
— fabrication de tôles, de ronds, de fils
— fabrication de pellicules photographiques, bandes et disques magnétiques, etc,
— fabrication de produits pharmaceutiques, alimentaires de base,
— fabrication de puces, circuits intégrés monolithiques, etc
— fabrication de matériaux de construction,
— etc.

Le modèle est simplifié en ce sens qu'il ne décrit pas les rebouclages dûs par exemple à des retravaillages suite à des mesures et tris intermédiaires.

b) Liaison E = n et S = 1

Schéma n° 54

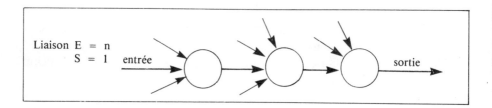

C'est le modèle simplifié des processus d'assemblage. Lignes d'assemblage automobiles, ordinateurs, appareils photographiques, électroménager, etc.

c) Liaison E = p et S = q

Schéma n° 55

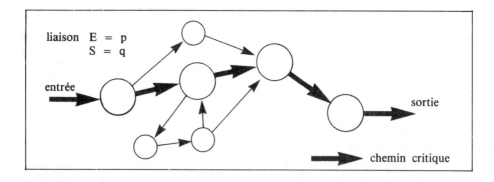

On retrouve ici des processus administratifs complexes, comme la facturation, la commande, etc. ou des techniques complexes comme le développement d'un produit.

Comme on le fait en circuiterie logique où l'on recherche par exemple les chemins critiques au point de vue du temps de propagation du signal, on recherchera des chemins critiques pour la qualité du produit comme par exemple les chemins les plus générateurs de ''non qualité'' (taux de défaillances) ou à haut risque (défaillances non détectables).

5 - 4 — QUALITÉ DE LA CONCEPTION ET QUALITÉ DE L'EXÉCUTION

Il est essentiel de distinguer qualité de la conception et qualité de l'exécution d'un processus.

Le schéma n° 56 montre que le concepteur de processus a pour client l'exécutant du processus qui lui-même a comme client l'utilisateur du produit ou service créé par le processus

Schéma n° 56

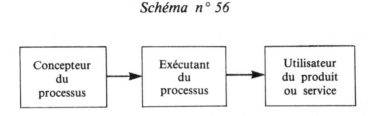

La qualité de la conception d'un processus, considérée ainsi, découle d'une relation client-fournisseur et par conséquence de l'expression d'un besoin.

Trop souvent des processus se sont trouvés mal conçus ou inadaptés parce qu'on n'avait pas précisé correctement ou complètement les besoins.

Dans beaucoup de secteurs, dans beaucoup d'entreprises, il y a identité de personnes entre les concepteurs et les exécutants des processus. C'est un mode qui permet d'éviter les conflits clients- fournisseurs mais cela n'enlève rien à l'analyse précédente et à la nécessité de définir le besoin de l'exécutant du processus aussi parfaitement que possible. Le cumul des responsabilités ne doit pas entraîner la confusion des tâches. Il est en effet fréquent que lorsqu'un même groupe est à la fois concepteur et réalisateur, la définition et la documentation des processus et produits laissent à désirer. Ces imperfections conduisent alors à des litiges sans fin basés sur des opinions plutôt que sur des faits.

Enfin, on distinguera des processus fonctionnels et inter-fonctionnels dont le schéma n° 57 donne quelques exemples.

Schéma n° 57

TYPES DE PROCESSUS

PROCESSUS FONCTIONNELS	*PROCESSUS INTER-FONCTIONNELS*
• COMPTABILITÉ	• FOURNITURE DE PRODUITS
• MAGASINAGE	• FOURNITURE PIÈCES DE RECHANGE
• TRAITEMENT DE L'INFORMATION	• GESTION DES INVENTAIRES
• PERSONNEL	• FACTURATION
• VENTE	• PRISE DE COMMANDE
• INSTALLATION	• SÉCURITÉ INFORMATIQUE
• MAINTENANCE	• PRÉVISION DE LA DEMANDE
• ÉDUCATION/FORMATION	• PLAN D'INVESTISSEMENT
• PUBLICITÉ	• INTRODUCTION DE NOUVEAUX PRODUITS
• RÉDACTION DE RAPPORT	• PAIEMENTS
• DÉVELOPPEMENT DE LOGICIEL	
• PRODUCTION	
• AUDIT	

5 - 5 — MANAGEMENT DES PROCESSUS INTERFONCTIONNELS

On peut compléter le schéma "moléculaire" des processus par un schéma moléculaire-fonctionnel des processus, comme indiqué dans le tableau suivant et qui propose une voie pour améliorer la qualité d'exécution des processus interfonctionnels.

Schéma n° 58

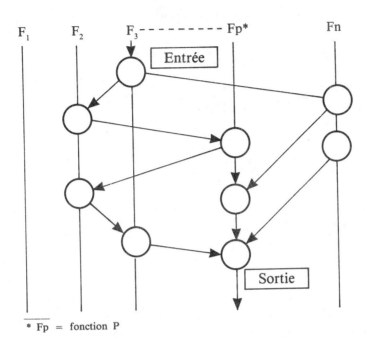

* Fp = fonction P

Le schéma n° 58 montre que plusieurs fonctions peuvent être impliquées dans un processus et qu'une fonction donnée peut intervenir par plusieurs activités ou tâches dans ce processus.

Une façon de gérer l'exécution d'un processus complexe interfonctionnel de ce type est de désigner un "propriétaire du processus" qui, aidé d'un comité de direction du processus comportant les principales fonctions, pilotera les actions d'amélioration des processus, c'est-à-dire l'élimination progressive des défaillances et pannes.

Dans le cas où le représentant d'une fonction empêchera le consensus de se réaliser au sein du groupe, le propriétaire aura le devoir d'escalader la ligne hiérarchique.

Nous verrons dans les chapitres suivants que le contrôle statistique et les groupes inter-fonctionnels d'amélioration de la qualité permettent de résoudre des problèmes qui n'étaient jamais pris en compte au niveau de l'entreprise.

Finalement le cycle d'amélioration de la qualité des processus s'opérera pour chaque étape suivant le schéma n° 59.

Schéma n° 59

ÉTAPE DU PROCESSUS

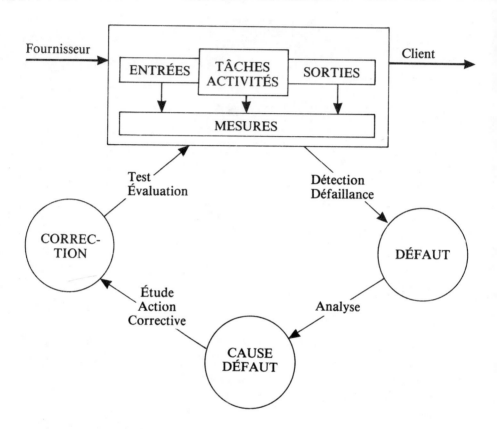

6 — CONTRÔLE STATISTIQUE

INTRODUCTION

Les méthodes statistiques constituent l'outil qui permet le passage des données numériques brutes à l'information sur laquelle s'appuie la décision Qualité.

Ainsi les nombreuses réponses d'un sondage d'opinion sont classées en différentes catégories, quantifiées, organisées en diagrammes de façon à dégager toutes les informations utiles à partir desquelles se prend la décision. De même, les multiples données collectées sur une ligne de fabrication ou dans un secteur administratif sont traitées de façon à présenter les caractéristiques précises d'une situation et de ses tendances, lesquelles permettent de prendre les actions correctives.

Il y a lieu de distinguer les méthodes statistiques simples de l'analyse statistique. Les méthodes simples aident à prendre des décisions de routine (schéma n° 60). Décisions fondées sur une approche factuelle et une évaluation des risques ; il s'agit de la présentation et de l'analyse des résultats, des méthodes d'échantillonnage, de la mise sous contrôle des processus. L'analyse statistique permet d'aller plus loin dans la compréhension d'une situation, de déceler et mesurer par exemple les liens entre les phénomènes (corrélation, régression) et de trouver les causes de dégradation (analyse de la variance, etc.).

Schéma n° 60

RÔLE DES MÉTHODES STATISTIQUES DANS LA PRISE DE DÉCISION

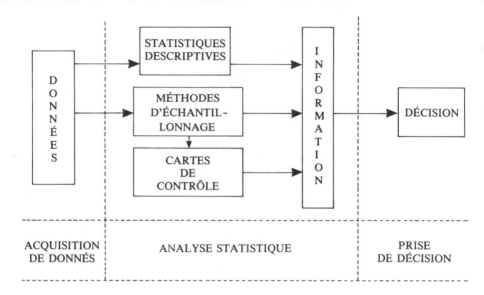

Le but de ce chapitre n'est pas de développer un cours sur les statistiques (de nombreux manuels traitent du sujet), mais simplement d'attirer l'attention sur les possibilités qu'elles offrent pour mesurer et mettre sous contrôle tout processus. En particulier, il est de plus en plus utile de les introduire dans les processus administratifs qui se complexifient et qui ne sont pas actuellement pourvus des moyens de mesure et de contrôle souhaitables.

Nous nous limiterons donc aux statistiques simples. Celles-çi s'appliquent partout où l'on génère et l'on traite des données numériques, que ce soit l'acquisition des données, leur arrangement, leur présentation, leur analyse et leur interprétation.

Elles sont utiles essentiellement dans 3 domaines :

— pour ordonner et synthétiser les données. Il s'agit de la description numérique ou graphique.

— pour prendre des décisions à partir de prélèvements. Ceci en connaissant, à frais réduits, les caractéristiques d'une population accompagnées de leurs limites de confiance. Il s'agit des méthodes d'échantillonnage.

— pour contrôler le bon fonctionnement d'un processus, identifier l'apparition des problèmes et s'assurer de façon continue de son aptitude à répondre aux besoins. Il s'agit des cartes de contrôle.

Les méthodes statistiques trouvent ainsi de plus en plus leur applica-

tion dans les secteurs administratifs et de gestion. On envisage, entre autres, de les utiliser pour épurer les fichiers de toutes natures :
— les fichiers adresses clients-fournisseurs, commandes et livraisons
— les fichiers magasins, inventaires
— les fichiers du personnel
— les fichiers équipements, etc.

6 - 1 — STATISTIQUES DESCRIPTIVES

Elles permettent de présenter graphiquement la distribution des données. Le choix du type de graphique est dicté par les caractéristiques de la population que l'on souhaite faire apparaître, par les questions que l'on se pose à son sujet :
— Comment se distribue la population à un moment donné ?
— Comment évolue-t-elle en fonction du temps ?
— Quelles sont ses tendances ?
— Comment projeter la situation future à partir de l'état actuel ?
— Comment mettre en évidence les causes des phénomènes observés (anomalies, variations, défauts, etc.) ?
— Comment faire apparaître les valeurs extrêmes dans l'étendue des données ? la valeur relative des classes, catégories, ou paramètres ?

Les représentations graphiques usuelles répondent à l'une ou à plusieurs de ces questions. Elles ne peuvent répondre à toutes ; c'est pourquoi l'étude d'un phénomène fait généralement appel à plusieurs outils à la fois.

6 - 1 - 1 — *Histogrammes*

L'histogramme de fréquence

Veut-on connaître la distribution d'âge des employés de l'entreprise ? On divisera l'ensemble du personnel en classes (15 à 20 ans — 20 à 25 ans — etc.) et l'on dénombrera la proportion des individus appartenant à chaque classe.

Le schéma n° 61 présente l'histogramme de la distribution des âges de la population considérée. La variable est quantitative (tranche d'âge).

L'histogramme met en évidence la forme de la distribution, l'amplitude des extrêmes. Mais il ne fait pas apparaitre les tendances (la population est-elle en train de vieillir ?), ni l'origine des causes d'un phénomène observé (est-ce dû à l'embauche ? aux départs en retraite ? aux départs volontaires ?).

Schéma n° 61

HISTOGRAMMES

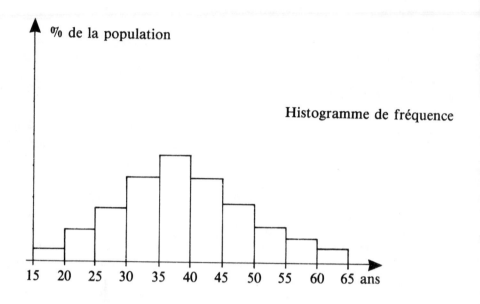

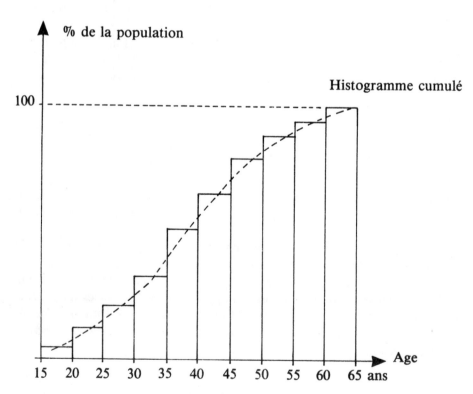

L'histogramme cumulé

Il se déduit du précédent. Le contenu d'une classe (n) est le cumul des contenus des classes (1 à n) de l'histogramme de fréquence.

La courbe cumulée s'obtient simplement en joignant les points milieux des classes. C'est une courbe monotone, non décroissante, continue, variant de 0 à 100 %. Elle donne par lecture directe la valeur de la médiane, des quartiles ou déciles de la population considérée. La médiane est par exemple la valeur mesurée d telle qu'il y a dans la distribution autant de valeurs inférieures à d que de valeurs supérieures à d.

L'histogramme cumulé met en évidence la tendance ; il se prête à l'extrapolation c'est-à-dire à la prévision du point futur.

Courbe de tendance

Elle traduit l'évolution d'un paramètre en fonction du temps. Exemple : l'âge moyen des employés année après année.
Par contre elle ne fait pas apparaître l'origine des causes de la variation.

Courbe de tendance par catégories

Elle traduit l'évolution simultanée des différentes catégories qui composent la population totale.
Exemple : décomposition en catégories professionnelles de l'ensemble du personnel. (schéma n° 62)

Elle apporte un complément d'information aux schémas précédents en ce sens qu'elle permet d'identifier la ou les catégories qui sont à l'origine des variations observées.

Schéma n° 62

COURBES DE TENDANCE

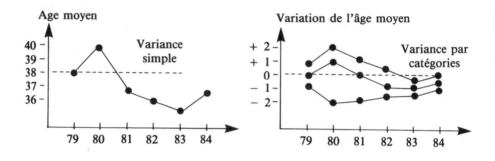

6 - 1 - 2 — *Le diagramme circulaire*

Plus prosaïquement désigné par le "gâteau" ou "fromage" il fait apparaître la contribution relative, sous la forme de secteurs, des éléments constitutifs de la population totale. La variable est ici quantitative.

L'association de plusieurs graphiques circulaires permet d'identifier l'origine de la ou des causes du phénomène étudié.

Cherche-t-on par exemple à comprendre la chute de l'effectif d'une entreprise, l'analyse graphique en cascade des causes principales conduit à mettre en évidence les domaines d'action prioritaires pour enrayer les départs (schéma ci-après — valeurs imaginaires).

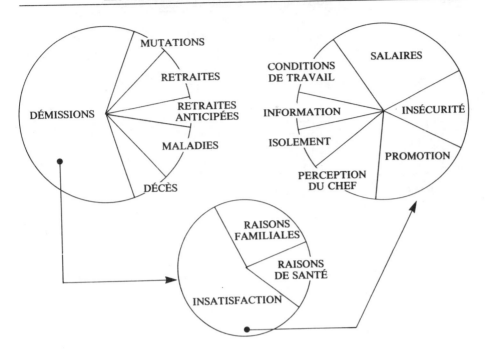

6 - 2 — METHODES D'ÉCHANTILLONNAGE

6 - 2 - 1 — *Distribution statistique*

Il est nécessaire d'introduire en préalable la notion de distribution statistique. Celle-çi se caractérise par 3 paramètres :

1. Sa forme. (schéma n° 63)

Les données sont réparties en classes. Le nombre n de classes est généralement déterminé par n = $\sqrt{N}$, où N est la population. On se limite généralement à 10 ou 15 classes.

Schéma n° 63

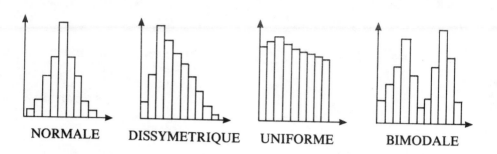

2. *Sa position centrale.* (schéma n° 64)

Les 2 histogrammes ont la même forme mais ils diffèrent en centrage.

Schéma n° 64

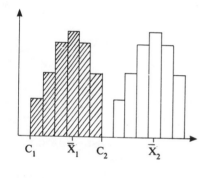

Le centrage se mesure soit par :

— La moyenne des extrêmes $\dfrac{C_1 + C_2}{2}$

— Le mode : centre de la classe la plus nombreuse.

— La moyenne arithmétique des N valeurs de la variable

$$\overline{X} = \frac{X_1 + X_2 + X_3 + \dots X_N}{N}$$

3. *Sa dispersion.* (schéma n° 65)

La courbe enveloppe de l'histogramme (ou la courbe passant par les points milieux des classes) est la courbe de distribution.

La dispersion se mesure par l'étendue E   (E = Xmax - Xmin) ou par l'écart-type s*.

---

* L'écart type est encore représenté par la lettre grecque σ (sigma)

Schéma n° 65

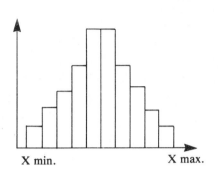
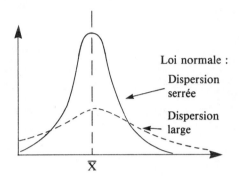

X min.   X max. $\overline{X}$

- L'écart-type donne une meilleure précision de la dispersion de l'ensemble des données $(X_1, X_2, ...Xn)$. Il représente une valeur caractéristique de la distribution extrêmement utile dans l'analyse statistique. Il se calcule par la formule :

$$s = \sqrt{V} \qquad\qquad \text{V étant la variance définie par :}$$

$$V = \frac{(X_1 - \overline{X})^2 + (X_2 - \overline{X})^2 + (X_3 - \overline{X})^2 + ..(Xn - \overline{X})^2}{N}$$

- Dans le cas d'une distribution normale (courbe de Gauss - schéma n° 68) l'écart-type s signifie que :

Tableau n° 66

Par rapport à la moyenne $\overline{X}$:		
68	% des valeurs se trouvent entre	$- 1$ s et $+ 1$ s
95	% des valeurs se trouvent entre	$- 2$ s et $+ 2$ s
99,7	% des valeurs se trouvent entre	$- 3$ s et $+ 3$ s
99,993	% des valeurs se trouvent entre	$- 4$ s et $+ 4$ s
99,9999	% des valeurs se trouvent entre	$- 5$ s et $+ 5$ s

Tableau n° 67

Par rapport à la moyenne $\overline{X}$:		
32 %	des valeurs se trouvent hors des limites	± 1,0 s
20 %	des valeurs se trouvent hors des limites	± 1,3 s
10 %	des valeurs se trouvent hors des limites	± 1,7 s
5 %	des valeurs se trouvent hors des limites	± 2,0 s
3 000 ppm	des valeurs se trouvent hors des limites	± 3 s
70 ppm	des valeurs se trouvent hors des limites	± 4 s
1 ppm	des valeurs se trouvent hors des limites	± 5 s

- Le modèle mathématique de la courbe de Gauss répond à la formule :

$$y = \frac{1}{s\sqrt{2\Pi}} \exp\left[-\frac{1}{2}\left(\frac{x - \overline{x}}{s}\right)\right] \qquad \text{où} \quad \begin{cases} x \text{ est la variable} \\ \overline{x} \text{ la moyenne} \\ s \text{ l'écart-type.} \end{cases}$$

La courbe est symétrique par rapport à la droite x = $\overline{x}$ moyenne de la distribution (schéma n° 68 et tableaux n° 66 et 67).

- L'expérience montre que beaucoup d'histogrammes ont une distribution voisine de la loi normale (courbes de Gauss — schéma n° 68)

Les propriétés numériques de la loi normale s'appliquent alors sans erreur grave.

Lorsque l'histogramme présente une dissymétrie ou une déformation importante on a recours à d'autres formules (inégalités de Bienaymé Tchébicheff ou de Camp qui débordent du cadre de ce chapitre). Mais dans ce cas la première démarche qui s'impose est de rechercher les causes de la dissymétrie ou de la déformation. Une distribution bimodale peut être par exemple l'indice d'un mélange de populations de pièces.

DISTRIBUTION NORMALE (COURBE DE GAUSS)

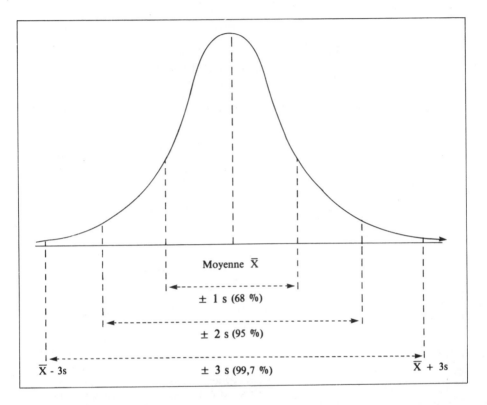

En conclusion :

L'analyse des 3 caractéristiques fondamentales d'une distribution (forme-centrage-dispersion) présente un grand intérêt dans le contrôle des processus. Le tableau n° 69 en fait prendre conscience à partir d'un exemple simple : l'épaisseur d'une tôle, paramètre d'un procédé de fabrication.

Tableau n° 69

ANALYSE D'UNE DISTRIBUTION

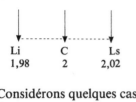

Pour être utilisable (vendable) une tôle doit avoir une épaisseur de 2 mm ± 0,02 mm
Le centrage C = 2 mm
La limite inférieur Li = 1,98 mm
La limite supérieur Ls = 2,02 mm

Considérons quelques cas de figure correspondant à différents lots de production.

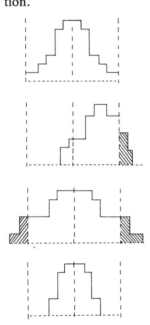

— Processus bien centré et de dispersion normale. Pas de rebut. Si cette distribution se maintient en fonction du temps, on est en présence (pour le paramètre considéré) d'un processus optimisé, sous contrôle.

— Processus mal centré - Conduit à des rebuts importants.
Le lot de tôles livré n'a pas une distribution normale — ce qui peut causer des difficultés au niveau de l'assemblage supérieur.

— Processus bien centré mais à forte dispersion. Conduit à des rebuts importants.
L'aptitude du processus peut être insuffisante pour satisfaire la demande.

— Processus bien centré, à faible dispersion. L'aptitude du processus peut être surabondante (coût non optimisé)

— Processus qui présente une anomalie (double distribution) d'où des risques d'instabilités. La distribution recherchée n'est pas obtenue (pas ou peu de tôles à la valeur nominale). Peut créer des problèmes en aval (exemple : problème d'appairage)

6 - 2 - 2 — *L'estimation statistique par prélèvements*

Elle permet, à partir d'un prélèvement fait au hasard au sein d'une population nombreuse, de caractériser (à moindre frais par rapport à un contrôle unitaire) cette population, c'est-à-dire d'évaluer quantitativement ses paramètres fondamentaux ; ceci avec un niveau de confiance connu. Elle facilite ainsi la prise de décision à court terme et la connaissance des risques encourus.

Elle s'applique dans de nombreux domaines. Citons par exemple :

— les sondages d'opinion.
— la mesure des paramètres de fabrication.
— l'évaluation du taux de défaut, de rebut, de recyclage, etc... dans une production de pièces.
— l'évaluation du taux d'erreurs dans les fichiers.
— les revues d'inventaires, les audits, etc...

Nous distinguerons l'estimation d'une moyenne et l'estimation d'une proportion.

Estimation d'une moyenne :

Il s'agit, connaissant les résultats de mesure d'un paramètre sur une petite partie de la population (prélevée au hasard) d'estimer la valeur centrale de ce paramètre pour la population totale avec ses deux valeurs latérales : limite supérieure et limite inférieure.

Explicitons la méthode à partir d'un exemple.

Supposons que l'on veuille estimer avec un niveau de confiance de 90 % le temps moyen utilisé pour passer une commande (entre l'émission de la demande d'achat par le service intéressé et l'expédition de la commande formelle au fournisseur par la fonction achats).

1. On fera la mesure sur un échantillon. Par exemple, 20 demandes d'achat prises au hasard. Ce qui nous conduit à 20 valeurs de temps ($n = 20$).
2. La valeur centrale de l'estimation T est évidemment la valeur moyenne arithmétique de ces 20 mesures.
3. On détermine pour ce temps de passation moyen une valeur supérieure Ts et une valeur inférieure Ti qui ait 90 chances sur 100 de n'être pas dépassée.

$$Ts = T + \frac{1,7\,s}{\sqrt{n}} \qquad Ti = T - \frac{1,7\,s}{\sqrt{n}}$$

(s étant l'écart-type des 20 valeurs mesurées)

On peut ainsi estimer avec 90 chances sur 100 de ne pas se tromper, que le temps moyen pour passer une commande est compris dans l'intervalle (Ti, Ts)

Estimation d'une proportion

De la même façon, estimer une proportion c'est déterminer la valeur centrale (la proportion la plus probable) et les valeurs latérales (Ps et Pi en notant toutefois que la valeur inférieure Pi ne nous intéresse guère, étant par définition très optimiste).

Supposons que l'on veuille estimer la proportion de demandes d'achat incorrectement formulées lorsqu'elles arrivent pour la première fois au service des Achats.

1. On suit le cheminement de chaque demande d'achat appartenant à un échantillon pris au hasard (50 parmi 1000 par exemple) Supposons que 6 parmi les 50 soient incorrectement remplies et retournées à l'emetteur.
2. On calcule la proportion P la plus probable.
   C'est évidemment : P = (6/50) = 0,12 (soit 12 %)
3. On détermine la limite supérieure Ps (pessimiste) de cette proportion. Pour ce faire, on utilise l'abaque cumulée de Poisson. (tableau n° 70)

Tableau n° 70

Probabilité (%) ➡ Risque (complément au niveau de confiance)

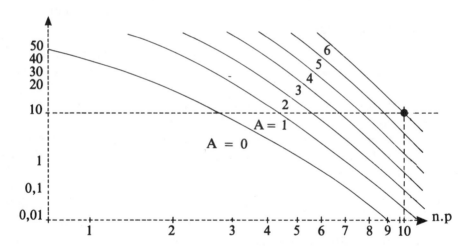

A = nombre de défauts (6)   n = taille de l'échantillon (50)
                            p = proportion d'anomalies pour un risque donné

Si l'on veut la proportion à 90 % de confiance, c'est à dire 10 % de risque, l'abaque ci-dessus nous donne np = 11
(intersection de la droite P = 10 et de la courbe A = 6)
Ce qui veut dire que, à 90 % de confiance, la proportion de demandes d'achat remplies incorrectement la première fois est au plus égale à :
$$Ps = (11/50) = 0,22 \text{ soit } 22 \%$$

Les méthodes d'échantillonnage sont en conclusion nécessaires à la maîtrise de la Qualité, à l'optimisation des processus. Que pourrait faire le responsable d'un service de réception qui reçoit chaque jour des milliers de pièces sans le concours des outils statistiques ?

Et comment pourrait-on mettre sous contrôle les processus complexes où les données sont générées en abondance et de façon continue sans l'estimation statistique ?

REMARQUE : Les outils modernes informatiques donnent directement le résultat. Il suffit de sélectionner le programme et d'introduire les données. Ce qui rend les outils statistiques accessibles aux non-spécialistes.

6 - 3 — CARTES DE CONTRÔLE

Considérons la variation d'un paramètre critique en fonction du temps (courbe de variance).

Ce peut être une cote mécanique, un taux de défaut dans la facturation ou le temps nécessaire pour faire une opération.

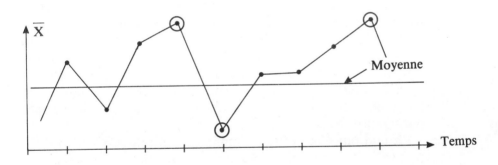

Il nous faut interpréter les variations, puis en tirer des conclusions pour agir en temps opportun afin d'inverser ou maintenir la tendance.

Que peut-on dire par exemple des excursions extrêmes ? Est-ce le résultat du hasard ? ou bien est-ce le résultat d'un changement dans le mode opératoire, les équipements, le personnel, les matériaux utilisés ? Quelle action y a-t-il lieu de prendre ?

La réponse à ces questions est pratiquement impossible sans la mise sous contrôle statistique du processus.

6 - 3 - 1 — La carte de contrôle - Rôle et objectif

Une carte de contrôle a pour but de vérifier qu'un processus reste en permanence dans ses limites de tolérance (en centrage et/ ou dispersion).

Comment opérer pour mettre un processus sous contrôle ?

Pratiquement nous passerons par les étapes suivantes :

1. Définition des paramètres à contrôler et acquisition de données (définition des prélèvements, des fréquences, des niveaux de confiance, des mesures).
2. Représentation graphique en fonction du temps. Chaque jour, chaque semaine ou chaque mois on porte les points de mesure sur la courbe de tendance : centrage (moyenne) et/ou dispersion (sigma ou étendue)
3. Détermination de la limite de contrôle inférieure (L.C.I.) et de la limite de contrôle supérieure (L.C.S.) du processus.

   Les limites correspondent généralement à une dispersion de 3 sigma (± 3s) du processus et sont représentées sur le schéma par des droites à égale distance de la moyenne (nous nous plaçons dans le cas d'une distribution normale)

   Ces deux limites traduisent l'aptitude ou les possibilités actuelles du processus déduites de l'historique de celui-çi. En pratique, cet historique doit comporter si possible une vingtaine de points régulièrement espacés, ce qui implique le choix d'une fréquence de mesure élevée si l'on veut mettre rapidement le processus sous contrôle.

   S'il s'avère qu'au cours des mesures ultérieures on sort des limites établies, cela signifie en principe qu'un changement s'est opéré dans le processus.

   Il faut rappeler que si les limites de contrôle (L.C.I. et L.C.S.) peuvent se calculer à partir des formules rappelées ci- dessus, *il existe des programmes qui permettent d'obtenir ces valeurs sur simple entrée des données brutes dans un mini ou micro-ordinateur.*
4. Fixation des objectifs.

   Pour répondre aux besoins exprimés on indiquera sur la carte de contrôle les objectifs que l'on se fixe en fonction du temps (moyenne et/ou dispersion). On recherche alors les modifications (améliorations) du processus qui le rendent compatible avec les objectifs fixés. Cette évolution de l'aptitude (performances) du processus peut se faire en appliquant les principes du management des processus (schéma n° 71, p. 200)
5. Établissement de la carte de contrôle aux moyennes et/ou aux dispersions (schéma n° 72)

   La carte finale comporte en résumé :

   — La moyenne et les limites de contrôle L.C.S.-L.C.I. (à ± 3s)

telles qu'elles ont été calculées. Ces valeurs traduisent l'aptitude actuelle du processus.
— Les points de mesure (moyenne et dispersion) effectués périodiquement. Ils permettent de contrôler en cours de croisière que l'on reste "dans les rails" et que l'on s'achemine correctement vers les objectifs fixés.
— Les objectifs que l'on vise à terme de façon à optimiser le processus.

Schéma n° 72

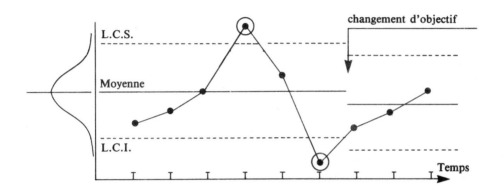

6. Interprétation de la carte de contrôle.
Elle demande un oeil exercé. Quelques considérations simples basées sur l'expérience, explicitées dans le tableau n° 73, permettent toutefois d'établir un diagnostic qualitatif.
   La carte de contrôle (carte de la moyenne et/ou carte de la dispersion) est dans tous les cas un outil qui renseigne sur le bon fonctionnement du processus, sa stabilité, et sur le type de problème auquel on est confronté.

En résumé, la fréquence de mesure doit être compatible avec la fréquence des décisions à prendre :

— actions préventives
— actions correctives
— actions d'amélioration.

REMARQUE : La fréquence de la mesure sera adaptée à la périodicité naturelle du phénomène et permettra de réagir rapidement sur le processus. En outre, l'historique qui permet d'établir les limites de contrôle doit comporter en principe une vingtaine de points de mesure.

Tableau n° 73

CARTES DE CONTRÔLE - INTERPRÉTATION

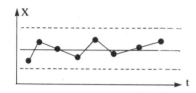

1 - Les points de mesure se distribuent également de part et d'autre de la ligne moyenne dans les limites de contrôle. La situation est satisfaisante.

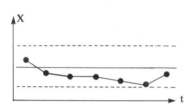

2 - Les points de mesure se distribuent plusieurs fois consécutives d'un côté ou de l'autre de la ligne moyenne tout en restant dans les limites de contrôle. C'est une indication que quelque chose a changé dans le processus. Que l'on observe une dégradation ou une amélioration, il faut en rechercher les causes pour éviter la réapparition ou garantir définitivement un acquis passager.

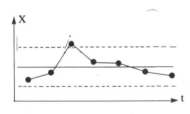

3 - Un point de mesure est sorti de la limite de contrôle supérieure puis revient autour du centrage. Il n'y a pas lieu de s'inquièter mais de chercher à en tirer profit. Si un phénomène a eu lieu, susceptible d'améliorer le processus, il faut l'identifier et l'intégrer durablement à celui-ci.

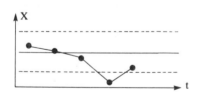

4 - Un point de mesure est sorti de la limite de contrôle inférieure, après une dégradation continue Il y a peu de chances que ce soit l'effet du hasard. Il faut s'attendre à voir le phénomène se répéter.

5 - Deux parmi trois points consécutifs sortent de la limite inférieure. Un changement a sûrement eu lieu dans le processus ; la probabilité pour que le phénomène soit dû au hasard est très faible.

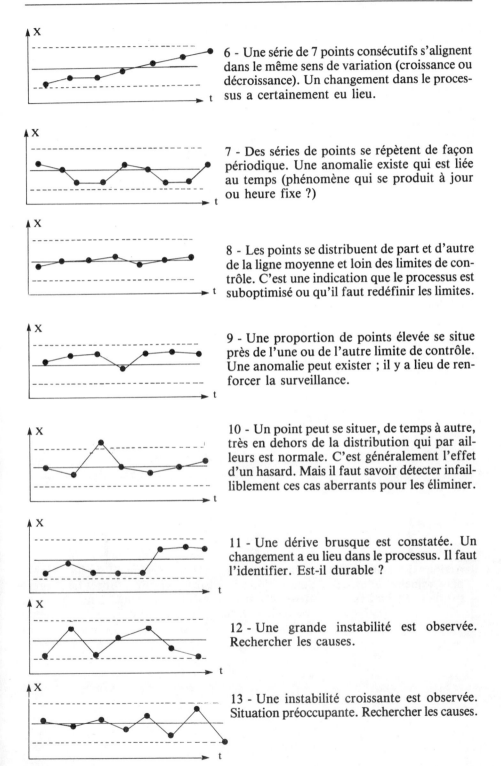

6 - Une série de 7 points consécutifs s'alignent dans le même sens de variation (croissance ou décroissance). Un changement dans le processus a certainement eu lieu.

7 - Des séries de points se répètent de façon périodique. Une anomalie existe qui est liée au temps (phénomène qui se produit à jour ou heure fixe ?)

8 - Les points se distribuent de part et d'autre de la ligne moyenne et loin des limites de contrôle. C'est une indication que le processus est suboptimisé ou qu'il faut redéfinir les limites.

9 - Une proportion de points élevée se situe près de l'une ou de l'autre limite de contrôle. Une anomalie peut exister ; il y a lieu de renforcer la surveillance.

10 - Un point peut se situer, de temps à autre, très en dehors de la distribution qui par ailleurs est normale. C'est généralement l'effet d'un hasard. Mais il faut savoir détecter infailliblement ces cas aberrants pour les éliminer.

11 - Une dérive brusque est constatée. Un changement a eu lieu dans le processus. Il faut l'identifier. Est-il durable ?

12 - Une grande instabilité est observée. Rechercher les causes.

13 - Une instabilité croissante est observée. Situation préoccupante. Rechercher les causes.

Schéma n° 71

MANAGEMENT DES PROCESSUS

- Désignation d'un "propriétaire" du processus (si le processus n'est pas localisé dans une seule fonction)

- Segmentation du processus en processus élémentaires

- Mise en place d'un comité pour le management du processus (dont les membres incluent les "propriétaires" des processus élémentaires)

- Définition/documentation du processus. Élaboration des méthodes de mesure

- Acquisition des données. Etablissement des moyennes, dispersions, limites de contrôle

- Mise sous contrôle du processus

- Action d'amélioration continue de l'aptitude du processus

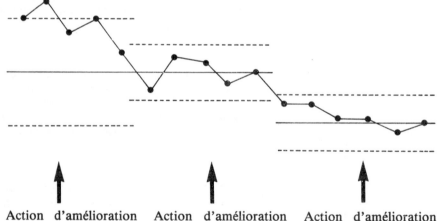

Action d'amélioration pour ramener le processus dans ses limites

Action d'amélioration pour réduire la dispersion du processus (nouvelles limites de contrôle)

Action d'amélioration pour obtenir une moyenne plus performante

6 - 3 - 2 — Domaines d'application

Nous faisons remarquer en préliminaire qu'il existe deux types de données :

- les données quantitatives (qui sont mesurables sur une échelle : longueur, poids, temps, résistance, etc...) on les appelle les VARIABLES (moyenne X et étendue R)
- les données qualitatives (qui ne sont pas mesurables sur une échelle mais évaluées par tout ou rien : défectueux ou non défectueux) on les appelle les ATTRIBUTS (proportion P — nombre de défectueux C)

D'où différents types de cartes de contrôle :

- $\overline{X}$ carte : aptitude moyenne du processus $\Bigg\}$ VARIABLES
- $\overline{R}$ carte : étendue ou dispersion du processus

- P carte : pourcentage de défectueux dans un échantillon $\Bigg\}$ ATTRIBUTS
- C carte : nombre de défauts par unité (pièce, équipement, document, etc.)

Le champ d'application est donc très vaste : de façon très générale il couvre la mesure et le contrôle de tout processus (technique — de production — administratif) et le contrôle ou la surveillance des taux de défauts.

1. La mesure d'un processus

Les cartes de contrôle s'appliquent à tout processus de caractère continu, répétitif. C'est le cas d'un processus de fabrication et de la majorité des processus administratifs (recrutement, paie, facturation, etc.)

Tout processus complexe est décomposé en sous-processus élémentaires, chacun d'eux étant lui-même sous contrôle statistique. La sortie, c'est-à-dire le produit ou le service, a les meilleures chances dans ces conditions d'être conforme aux besoins exprimés.

Les cartes de contrôle caractérisent un processus. Elles présentent ses aptitudes ou performances, c'est-à-dire ce que le processus est capable de faire (limites de contrôle) comparativement à ce qu'on lui demande (objectifs ou spécifications), en utilisant toutes les données existantes ou simplement des échantillons périodiques (Schéma n° 74).

La recherche de l'optimisation du processus consistera à faire coïncider *l'aptitude* de ce processus avec *la demande*.

Schéma n° 74

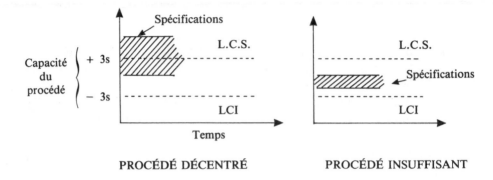

PROCÉDÉ DÉCENTRÉ   PROCÉDÉ INSUFFISANT

2 — La surveillance d'un taux de défauts

On ne veut pas dépasser le taux de défauts ou d'erreurs que l'on s'est fixé ; c'est l'objectif Qualité du moment (qui peut s'inscrire dans un programme zéro-défaut).

Les cartes de contrôle présentent dans ce cas l'évolution du taux de défauts en fonction du temps et de la limite à ne pas dépasser.

Prenons un exemple pratique dans le domaine des inventaires pour illustrer le mode opératoire.

Dans un magasin de l'entreprise, on désire s'assurer que le taux d'erreurs ne dépasse pas 0,4 % (Po = 0,004).

On trace pour ce faire la carte aux erreurs (schéma n° 75) :

Toutes les semaines, par exemple, on prélève un échantillon fixe de n colis et on établit ainsi la courbe des erreurs d'inventaire en fonction du temps.

Schéma n° 75

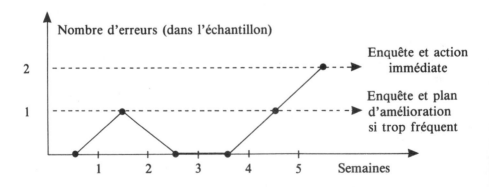

Le problème qui se pose est la définition de l'échantillon n.
La formule simple, pratique qui le définit est :

$$n = \frac{0,1}{Po} \quad \text{soit dans notre exemple } n = \frac{0,1}{0,004} = 25$$

(on prélèvera 25 colis chaque semaine)

On démontre par ailleurs que le taux d'erreurs moyen cumulé à ne pas dépasser est 0,1.

La conduite à tenir face aux résultats est la suivante :

— Si le nombre d'erreurs constatées sur les 25 colis est 0 ou 1 et si la moyenne cumulée ne dépasse pas 0,1 au fil des semaines, on ne s'inquiètera pas.
— Si l'on dépasse 0,1 ou si l'on observe 1 défaut deux semaines consécutives, il faut établir un plan d'amélioration.
— Si l'on atteint une semaine 2 défauts, la situation est plus sérieuse, il faut prendre des mesures immédiates pour réduire le taux de défauts (renforcement des contrôles notamment).

6 - 4 — CONCLUSION

Les méthodes statistiques de la Qualité sont des auxiliaires indispensables à la maitrise de la Qualité. Connues depuis fort longtemps elles ont été appliquées avec grand succès dans les procédés de fabrication et, plus généralement dans les domaines techniques sophistiqués nécessitant le contrôle de données nombreuses et répétitives.

L'application des statistiques a été longtemps freinée par la barrière du calcul numérique. Cette barrière a disparu grâce aux outils modernes de calcul : depuis la simple calculette jusqu'aux terminaux connectés à un ordinateur puissant en passant par l'ordinateur personnel et son logiciel spécialisé (calcul et représentation graphique).

L'utilisateur a désormais très simplement accès aux outils statistiques ; il lui suffit de définir clairement ses besoins, de connaître les principaux concepts de la statistique appliquée, de savoir interpréter ses résultats.

La complexité croissante des processus administratifs ouvre aujourd'hui des perspectives très riches et nouvelles à l'utilisation des méthodes statistiques. A l'instar d'un procédé de fabrication, un processus administratif a un caractère répétitif ; il se décompose en étapes élémentaires ; il génère en sortie un produit (ou un service) ; enfin il implique que tout au long du chemin on s'assure de la conformité des résultats à des spécifications, à des objectifs et que l'on respecte des règles, des normes, des références.

Le contrôle statistique trouve ici un champ d'application immense encore trop peu exploité. Il peut conduire à des améliorations spectaculaires de la Qualité, à une maîtrise accrue des grands processus de gestion de l'entreprise.

7 — GROUPES DE TRAVAIL

INTRODUCTION

Le travail en groupe est l'une des meilleures formes d'adhésion du personnel à la gestion totale de la Qualité. Son apport bénéfique dans le domaine des relations humaines comme dans celui des améliorations de processus n'est plus à démontrer.

L'efficacité du travail en groupe trouve ses fondements dans :
— la structure d'accueil et de support mise en place au niveau de l'entreprise,
— le concours, l'assistance et l'exemple du management à tous les niveaux,
— les règles de fonctionnement établies officiellement,
— une méthodologie de travail éprouvée.

Nous nous attacherons à décrire la méthodologie de travail comme un des garants de la réussite, de la pérennité des Cercles de Qualité et plus généralement du travail en groupe. C'est une méthodologie simple, efficace et universelle de résolution de problème.

Elle comporte des étapes qu'il faut franchir en séquences et un jeu d'outils adapté au passage par chacune de ces étapes. Un parcours d'obstacles en quelque sorte, mais guidé, balisé, facilité et finalement animé par tous et pour tous.

Cette méthodologie, bien enseignée et bien appliquée, est un des meilleurs atouts de l'efficacité et de la durée des groupes.

7 - 1 — LES 9 ÉTAPES DE RÉSOLUTION D'UN PROBLÈME

Prenons l'exemple des Cercles de Qualité.

7 - 1 - 1 — Choisir le problème

Les C.Q. définissent le sujet qu'ils veulent traiter. Sujet qui correspond à une préoccupation qu'ils partagent, un problème qu'ils ont en commun dans leur travail de tous les jours.

Comment procéder ?

a) Le cercle établit par "brainstorming", ou jaillissement d'idées, la liste la plus complète possible des problèmes qui le concernent. Il s'attache à faire des regroupements pour les problèmes qui sont liés, de façon à définir et circonscrire chaque sujet avec précision. Puis il élimine sur la base du consensus les sujets jugés les moins importants ou inaccessibles au cercle.

b) Les problèmes ainsi retenus sont évalués en termes de :
— Complexité. Le cercle est-il en mesure d'appréhender tous les aspects du problème ? d'aboutir à une solution ?
Le premier problème en particulier doit être simple.
— Autonomie du cercle. Le cercle est-il dépendant des autres services pour l'analyse du problème ? la recherche des solutions ? la mise en oeuvre des solutions ?
— Possibilité de mesure. Peut-on mettre en œuvre un indicateur ? ou évaluer une amélioration ?

c) Le choix s'opère alors par consensus avec l'aide, le cas échéant, du vote pondéré ou de l'analyse de comparaison (outils que nous décrivons au chapitre suivant).

Il est fondamental que tous les membres du cercle aient pu s'exprimer totalement pour atteindre un consensus authentique dans ce choix du sujet à traiter. Le groupe se soude, les membres se rendent solidaires dès ce stade ; ils définissent en commun un projet.

Il faut remarquer que les problèmes qui ont été écartés sont communiqués aux services concernés ou bien traités sur le champ, à la volée, par le cercle lui-même si ceux-ci sont simples et à la portée de sa compétence.

7 - 1 - 2 — *Collecter les données, rassembler les informations*

a) Le groupe travaille à partir des faits. Ayant choisi son problème, il rassemble en priorité toutes les informations utiles. Quels sont les événements observés ? Dans quelles conditions ? à quel endroit ? par qui ?

Sur le plan quantitatif des relevés de données sont mis en place ; les observations sont multipliées par les membres du groupe en étudiant les dossiers, la documentation, les variations du procédé, les taux de défaut, leur origine, etc. On considère les contrats (formalisés ou non) qui régissent les rapports client-fournisseur. Dans tous les cas on demeure factuel.

b) Un système de mesure doit alors être défini qui permette de caractériser le problème, d'en suivre l'évolution en fonction du temps, de se fixer des objectifs. Il faut définir les bons indicateurs. Des difficultés peuvent apparaître mais l'utilisation des outils de résolution de problème, les méthodes statistiques, la relation client-fournisseur facilitent la tâche. La créativité et l'imagination du groupe s'exercent alors pleinement.

7 - 1 - 3 — *Analyser l'information pour déterminer les causes*

A partir des données numériques et factuelles :

a) Le cercle construit le ou les diagrammes causes/effet.
Un diagramme général qui met en évidence toutes les causes possibles puis, éventuellement, des diagrammes auxiliaires pour expliciter des détails du diagramme principal (causes des causes). Le diagramme causes-effet représente une synthèse organisée et orientée de toute l'information disponible. Il porte en lui la clé du problème et les éléments de la solution. C'est pourquoi l'animateur du cercle et tous les membres se doivent de prendre le plus grand soin à sa construction — sans craindre jamais de passer un temps inutile.

b) Chaque cause identifiée est l'objet d'une analyse pour juger de son impact sur l'effet constaté. Est-ce réellement une cause possible ? Peut-on mettre en évidence des variations concomitantes ? Quel est son importance relative par rapport aux autres causes ? Est-elle indépendante des autres causes ? Etc.
Les décisions retenues se font toujours sur la base du consensus avec l'aide ou non du vote pondéré ou de l'analyse de comparaison.

c) Une cause étant retenue il faut remonter à son origine (à l'étape du processus concerné) et la caractériser le plus complètement possible : observations, nouvelles collectes de données, expérimentation, questionnaires, comparaisons, etc.
L'intervention des non-membres de C.Q. peut à ce stade se révéler très intéressante non seulement par l'apport (bénéfique) des données et informations qu'ils détiennent, mais par le fait de les associer à la recherche des solutions, de les faire participer à l'opération en cours.
Ces données et informations sont collectées, analysées et traitées en utilisant les outils classiques des C.Q. (feuilles d'acquisition, histogrammes, Pareto, graphiques).

d) Parmi toutes les causes analysées et considérées comme possibles, la ou les causes les plus probables du problème sont retenues par le groupe.

e) Vient alors le moment où, présumant la cause du problème et ses origines, il faut se fixer des objectifs. A quel résultat veut-on parvenir ? Dans quel délai ? Dans quelles conditions ?

7 - 1 - 4 — *Décider d'une solution*

C'est là plus encore que dans les phases précédentes que s'exerce la puissance créative du groupe. En présence de tous les éléments (connaissance du problème, de ses manifestations, de ses causes, de l'origine de ces causes, des objectifs à atteindre), les membres du cercle ou du groupe recherchent les actions correctives envisageables.

a) Ils étudient les avantages et les inconvenients des solutions retenues, leur aptitude à atteindre les buts fixés. Ils anticipent les obstacles : quels facteurs de résistance va-t-on rencontrer ?

b) Ils établissent un plan d'expérimentation pour vérifier leurs hypothèses, s'assurer que la solution présentement adoptée ne va pas engendrer d'autres effets pervers.

c) Ils déterminent les contrôles à mettre en place pour éviter la réapparition du phénomène (quoi ? qui ? où ? quand ? comment ?). L'impact que peut avoir ces contrôles sur les opérations courantes a été préalablement évalué (avantages, inconvénients, risques, facteurs moteurs et facteurs freins, etc.)

d) Ils font approuver leur solution par le management concerné.

Toute décision au sein du groupe est prise sur la base du consensus, en s'appuyant éventuellement sur un vote pondéré, une analyse de comparaison ou un diagramme de Pareto, etc...
Les non-membres sont consultés autant que possible.

7 - 1 - 5 — *Planifier les actions*

Connaissant ce qu'il veut entreprendre et ce qu'il veut obtenir, le groupe établit son plan d'action.
Il veille à faire participer les non-membres dans la mesure du possible, à éviter de toute façon leur exclusion totale.
Le plan d'action explicite les différentes phases et leurs points de contrôle, la définition des tâches et des responsabilités, le calendrier, les objectifs intermédiaires et finals.

Le plan d'action doit obtenir l'approbation du niveau hiérarchique habilité à prendre la décision formelle. Pour ce faire, le groupe fera une présentation au management (synthèses graphiques, argumentaires, bilans) pour obtenir son accord avant toute mise en œuvre.

7 - 1 - 6 — *Mettre en place la solution*

Le plan d'action approuvé est mis en œuvre par le cercle. Tous les membres participent concrètement à la réalisation des objectifs. La progression est analysée au cours des réunions périodiques. La plus grande attention est apportée à l'évolution des indicateurs. Les nouvelles idées sont soumises au groupe qui les adopte ou les écarte.

7 - 1 - 7 — *Vérifier que le problème disparaît*

En d'autres termes atteint-on les objectifs fixés ? Sinon, pour quelles raisons ? Y-a-t-il lieu de lancer des actions complémentaires ?
Le groupe trouve ici la confirmation ou la preuve qu'il s'est attaqué aux vraies causes et que l'ensemble des décisions prises s'avère répondre effectivement au problème.

7 - 1 - 8 — *S'assurer que le problème ne réapparaîtra pas*

Guérir un mal c'est bien ; l'empêcher de se reproduire c'est mieux.
Le groupe mène ici une action préventive pure en mettant en place ou en vérifiant l'existence et la validité :
— de méthodes de contrôle (cartes de contrôle en production ou techniques de simulation dans la conception des produits et procédés)
— de procédures de verrouillage en cas de changement (processus ; produit ; personnel)

7 - 1 - 9 — *Considérer les conséquences et les retombées du problème*

La correction ou l'élimination d'un problème peut en créer un autre. Le groupe analysera donc tous les aspects susceptibles d'être influencés par les modifications et contrôles introduits dans les processus.
Par ailleurs, la solution à un problème endémique donné trouve dans la majorité des cas des possibilités d'extension sur un autre site ou dans un processus similaire. Le groupe s'attachera à découvrir les prolongements de son action pour le plus grand bénéfice de l'entreprise.
Et finalement, les causes délaissées à un moment donné parce que

jugées secondaires, ne sont-elles pas susceptibles d'apporter des améliorations additionnelles ? A la fin du parcours n'est-il pas intéressant pour le groupe de revenir à la première étape et de reconsidérer le problème ? L'évolution, l'expérience peuvent en effet apporter une idée complémentaire ou un éclairage nouveau qui transformera définitivement la solution mise en œuvre en un succès exemplaire.

7 - 2 — LES 9 OUTILS DE RÉSOLUTION D'UN PROBLÈME

La liste des outils de résolution de problème utilisés dans le travail de groupe n'est pas limitative. Loin de là. Nous nous contenterons de décrire les plus courants.

7 - 2 - 1 — *Le jaillissement d'idées ou "Brainstorming"*

Il a pour but de générer le plus grand nombre possible d'idées. Pour se donner les meilleures chances de trouver la solution la plus riche et la plus complète dans la moisson récoltée.

Très simple dans son principe, il est délicat dans son application. Il nécessite des animateurs avertis et formés. Car il s'agit de faire participer tous les membres du groupe même si celui-ci n'est pas homogène. Chacun à tour de rôle émet une idée et une seule jusqu'à épuisement. Un membre du groupe n'ayant plus d'idées à un moment donné laissera passer son tour, quitte à réintervenir ultérieurement. Chaque idée est soigneusement reformulée, pour ne pas trahir la pensée de l'auteur, puis est notée à la vue de tous par l'animateur. Ce dernier a la priorité pour émettre une idée qui lui est propre, généralement pour faciliter ou provoquer au moment opportun l'avalanche d'idées de ses condisciples et susciter une nouvelle orientation.

C'est le seul avantage qu'il ait sur les membres du groupe.

Son rôle, par ailleurs, est de définir au départ le sujet avec le plus de précision possible puis de faire respecter les règles ; ne pas critiquer, ne pas ridiculiser mais au contraire favoriser l'éclosion des idées jusqu'aux plus originales, encourager la "roue libre" pour couvrir le spectre le plus complet des idées.

Toutes les idées sont notées sans distinction ni classement ; puis on laisse incuber avant d'entreprendre l'exploitation du recueil.

Il est fréquent qu'un groupe, lors de ses premières réunions, produise entre 50 et 100 idées.

7 - 2 - 2 — *Le vote pondéré (tableau n° 75 bis)*

Les décisions d'un cercle de Qualité reposent sur le consensus.

Ce qui veut dire qu'aucun des membres ne s'oppose à la décision qui émerge du groupe. Nous résumerons le processus d'obtention du consensus de la façon suivante :

> « Je pense que vous avez compris mon point de vue.
> Je pense avoir compris votre point de vue.
> Que je préfère ou non la décision, j'y adhère car nous l'avons atteinte d'une manière ouverte et juste et je reconnais que c'est la meilleure pour le groupe ».

Ceci a pour conséqence une prise de décision lente mais par contre une mise en pratique rapide.

Pour faire progresser le groupe et faciliter la prise de décision, on utilise souvent le vote pondéré. Il consiste à choisir parmi différentes options celle qui recueille le plus de voix.

La méthode en est simple : pour n options proposées, chaque membre présente son choix par ordre de préférence en se limitant par exemple à 3. La première option présentée recueille 3 points, la seconde 2 points, la troisième 1 point. On totalise ainsi pour les N membres du Groupe les points recueillis pour chaque option. C'est parmi celles qui ont recueilli le plus grand nombre de points que sera choisie, par consensus, l'option du groupe.

Tableau n° 75 bis

VOTE PONDÉRÉ

EXEMPLE
- 8 options : 1 à 8
- 6 membres : A à F

MEMBRES	OPTIONS							
	1	2	3	4	5	6	7	8
A				3		2	1	
B			1	2			3	
C				3	1	2		
D			1	2		3		
E			2	3	1			
F			3	2	1			
TOTAL			7	15	3	7	4	

L'option 4 a le plus grand poids (15 points)

7 - 2 - 3 — *L'analyse de comparaison (tableau n° 75 ter)*

C'est un outil qui facilite le choix entre différentes options.

La méthode consiste à comparer chaque option à chacune des autres. On construit une table (matrice) d'analyse avec les n options en ligne et en colonne.

Sur la ligne de l'option 1 on compare celle-ci à l'option 2 et suivant l'importance relative que l'on accorde à 1 par rapport à 2 on attribue une note allant de +3 à −3. Sur la même ligne on compare 1 à 3 et on attribue une note. Etc.,. Puis sur la ligne de l'option 2 on compare 2 à 3, on attribue une note puis on compare 2 à 4... Et ainsi de suite jusqu'à ce que la table soit remplie (partie supérieure de la diagonale). On totalise les + sur chaque ligne et les − sur chaque colonne. Et finalement pour chaque option on fait le bilan des + et des − . L'option qui recueille le bilan le plus élevé correspond au choix à retenir.

Cet outil est appréciable dans les situations où le groupe se montre indécis. De préférence on l'utilisera sur un champ limité d'options ; l'inverse fait courir un risque non négligeable d'erreur arithmétique. Il peut être utilisé à titre individuel ou collectif.

Tableau n° 75 ter

ANALYSE DE COMPARAISON

EXEMPLE
- 6 Options : 1 à 6
- évaluation de -3 à +3

Poids des options ↓	Comparées aux options →						Total des + par ligne
	1	2	3	4	5	6	
1		+2	+3	+3	+3	+1	12
2			+3	+3	+3	-1	9
3				0	0	-2	0
4					+1	-3	1
5						-3	0
6							0
Total des − par colonne	0	0	0	0	0	9	
Report des + par ligne	12	9	0	1	0	0	
Total Général	12	9	0	1	0	9	

L'option 1 est l'option à retenir (si elle est confirmée par le consensus)

7 - 2 - 4 — *Le diagramme causes-effet*

Outil puissant, le plus utilisé, il est imposé aux cercles de Qualité.

Il a pour objet de présenter graphiquement, de façon intelligible, les relations significatives entre un effet et toutes ses causes (réelles et potentielles).

L'effet est un constat indésirable, une caractéristique négative de la Qualité du produit ou du service considéré (erreurs, dérive, instabilité, pénurie, etc.) Les causes sont les facteurs qui font que le problème existe, les éléments qui concourent au résultat négatif constaté.

L'ensemble de ces facteurs constitue en général un processus de dégradation ou de blocage qui prend souvent racine dans des domaines très variés (précision ou fiabilité des équipements, compétence ou motivation du personnel, efficacité des méthodes, conditions d'environnement, etc.) et très éloignés du lieu géographique où apparaît l'effet.

Notons que certains processus de dégradation peuvent être décrits par les relations causes-effet (la baisse des ventes pour ne prendre qu'un exemple).

Mais construisons le diagramme : Pour être efficace dans la construction du diagramme causes-effet le groupe respectera trois règles très simples.

1) Quel est le problème ?

Il faut parvenir à une définition claire du problème que l'on traite. Le groupe en discute tous les aspects pour parvenir à un accord sur sa formulation. Dès lors, tous les membres du groupe ont une compréhension commune de ''l'Effet'' retenu. Ce dernier est inscrit sans ambiguïté dans une case à droite du diagramme.

2) Quels sont les grands domaines (catégories) dans lesquels les causes du problème trouvent leur origine ?

On se limite généralement à 6 catégories dont 5 couramment utilisées : les 5 M (Main-d'œuvre, Méthodes, Milieu, Machines, Matériaux), la dernière restant libre pour le choix d'un autre domaine majeur.

C'est la façon la plus usuelle d'aborder le causes-effet (surtout dans un milieu de production).

Mais le groupe ne doit pas se laisser aller systématiquement à cette facilité.

Il se doit de définir la classification (les catégories) la mieux adaptée à son problème. Là réside une difficulté à surmonter dont dépend la valeur du résultat final. La nature du problème permet de le guider ; par exemple, s'il s'agit d'un problème d'organisation, les catégories pourront être les fonctions en cause. Et puis le groupe peut remettre en question le choix des catégories sitôt que, le diagramme progressant, il constate des déséquilibres, des impossibilités d'affectation d'une cause dans une catégorie ou au contraire plusieurs affectations possibles pour la même cause.

Dans tous les cas il est essentiel de définir les catégories réellement appropriées. Celles-ci sont portées sur le graphique et connectées à la case "Effet" par un réseau en arête de poisson (schéma n° 76).

3) Quelles sont les causes ?

Le groupe, suivant la technique du "brainstorming", recherche le maximum de causes possibles (réelles, probables, potentielles). Une fois seulement la liste terminée, il affecte chaque cause à une catégorie et la porte en toutes lettres sur le diagramme. Chaque catégorie se ramifie ainsi aussi loin que nécessaire.

Les éléments causals, principaux ou secondaires, certains ou probables, potentiels ou possibles, se trouvent ainsi connectés explicitement et rationnellement, ce qui permet d'identifier le ou les rameaux des causes ayant la plus grande probabilité de provoquer l'effet étudié.

Il reste ensuite à démontrer la relation exacte causes-effet par l'acquisition de données et l'expérimentation. C'est le stade de la vérification ; en supprimant la cause, élimine-t-on complètement et définitivement l'effet ?

Lorsque l'effet est très large : "Baisse des ventes", "Accroissement des prix de revient", etc., les causes peuvent être si nombreuses qu'il s'avère intéressant dans certains cas de bâtir un diagramme causes-effet pour chaque opération ou segment du processus.

Dans tous les cas, le diagramme utilisé (support physique) devra être vaste, clair, pour prendre en compte toutes les causes même du 3ème ou 4ème ordre.

Il est utile d'être le plus exhaustif possible.

Schéma n° 76

DIAGRAMME CAUSES-EFFET

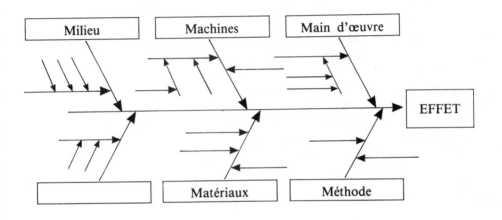

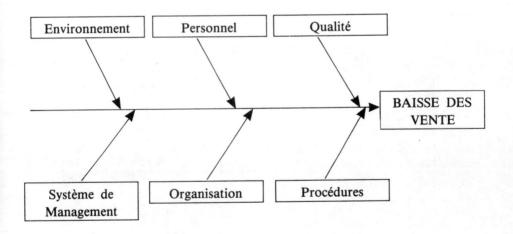

7 - 2 - 5 — *Le diagramme de Pareto*

Le diagramme de Pareto décrit le fait que dans beaucoup de situations du monde réel, 20 % des causes analysées produisent 80 % des effets constatés.

Ce diagramme (schéma n° 77) présente, pour une situation donnée, les types de défaut observés, classés par ordre d'importance décroissante. Il vise de ce fait à déterminer l'ordre de priorité avec lequel il convient logiquement de s'attaquer aux problèmes. Ceci, sachant que cet ordre de priorité peut changer selon le critère ou le paramètre de classement auquel on s'intéresse, comme le montre l'exemple qui suit.

Considérons une quantité de pièces rejetées dans une unité de production. On peut s'intéresser au taux de rejet pour chaque type de défaut (A,B,C,D...), le paramètre de classement étant le pourcentage de défauts. On peut aussi s'intéresser au gain financier réalisable à court terme par l'élimination d'un type de défauts (gains résultant de l'accroissement du rendement diminué de l'investissement pour les corrections). Le paramètre de classement est dans ce cas la valeur en francs. L'ordre des priorités peut être très différent dans les 2 cas.

Schéma n° 77

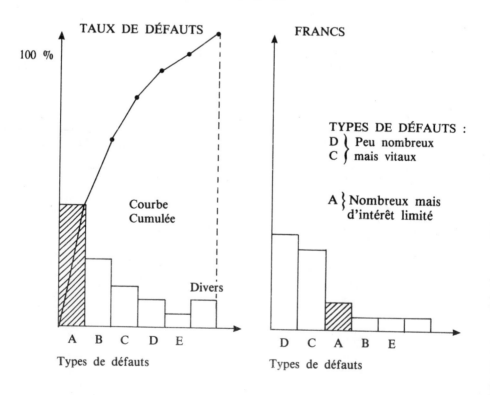

Le diagramme de Pareto est donc une technique d'analyse de problème. Il visualise des situations sous des angles différents ; il indique les priorités, les secteurs où les efforts doivent être concentrés ; il améliore la communication en introduisant une forme de langage communément comprise ; il témoigne d'une évolution en fonction du temps. C'est un outil d'une grande utilité pour prendre une décision et notamment une décision de groupe.

7 - 2 - 6 — *Les feuilles d'acquisition de données*

Les outils statistiques (Pareto, histogrammes,..) organisent, classent, présentent des informations pour rationaliser une situation. Ils exigent donc en préalable un outil qui fournisse les données ; c'est la feuille d'acquisition de données.

Elle consiste en un imprimé qui facilite le pointage et le contrôle de l'information. Bien conçue, elle se révèle très efficace, exerçant par exemple un effet de loupe sur une séquence particulière des opérations, l'accomplissement de certaines tâches, une cause ou un phénomème localisé.

La variété des feuilles d'acquisition de données est presque sans limite. Nous décrirons les 3 formes les plus répandues : la feuille d'enregistrement, la feuille de repérage, la feuille de contrôle.

La feuille d'enregistrement

Chaque donnée, ou mesure, est pointée dans sa case d'appartenance. L'origine des informations et leurs conditions d'acquisition sont consignées sur la feuille (schéma ci-après)

Les feuilles utilisées en contrôle de Qualité qui identifient le numéro de lot, le plan d'échantilllonnage, le lieu, les conditions climatiques, appartiennent à cette catégorie.

Exemple : défauts sur notes de frais

Fonction Achats	Janvier				Total
	01	02	03	04	
Identité incomplète	/	///	//	//////	12
Dates manquantes	//		/	///	6
Codes erronés	/	//	///	/	7
Taux forfaitaires	///	/	//	//////	12
Sans justificatif	//	/////	/	//	10
Signature manquante	/	////	/	//	8
Erreur de calcul	//	/	///	///	9
TOTAL	12	16	13	23	64

La feuille de repérage

Elle est conçue pour faciliter la localisation des défauts.

Un croquis ou un dessin sert à visualiser géographiquement les défauts ; chaque type de défaut peut être identifié par un symbole.

L'imprimé peut comporter des zones repérées par des lettres et des nombres ; l'utilisateur localise un défaut par sa zone (ex B-7) comme par exemple dans le plan d'une localité.

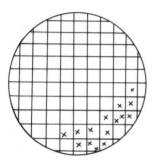

Type		date inspection	
Numéro		Inspecteur	
Lieu		Conditions	
Étape du Processus		Méthode/ Équipement	

 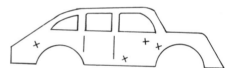

La feuille de contrôle

Il s'agit de la liste de contrôle (Check-list) qui permet de s'assurer que l'on n'a rien oublié, que tout est en ordre. On annote sur la feuille les anomalies éventuelles constatées.

Elle est utile partout où les points d'observation demandent une réponse binaire du type oui/non, marche/arrêt, bon/mauvais, présent/absent, etc...

7 - 2 - 7 — L'histogramme

Il sert à mettre sous forme graphique la distribution d'un ensemble de données ou de mesures.

Nous avons décrit ses caractéristiques et propriétés dans les outils statistiques.

Il se différencie du diagramme de Pareto par le fait que la variable est quantitative alors qu'elle est qualitative dans le diagramme de Pareto.

7 - 2 - 8 — *Graphiques*

Ils permettent de présenter un ensemble de données de manière synthétique. Ce sont des outils qui facilitent les comparaisons de valeurs, permettent d'évaluer des tendances et d'établir des relations. Ils sont très utiles à la prise de décision.

Le choix du graphique est important suivant que l'on s'intéresse à telle ou telle caractéristique d'une base de données (voir le chapitre statistiques).

L'ensemble des graphiques se décompose en cinq catégories :

- Graphiques en barres et colonnes

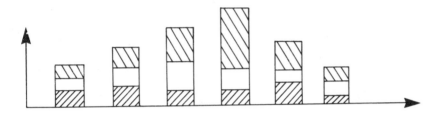

- Graphiques type ligne

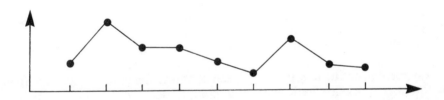

- Graphiques en secteur

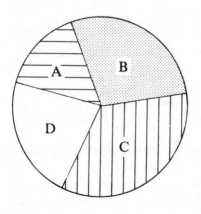

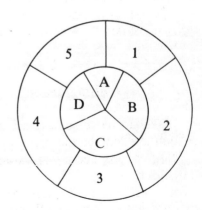

• Diagrammes de dispersion

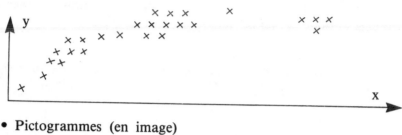

• Pictogrammes (en image)

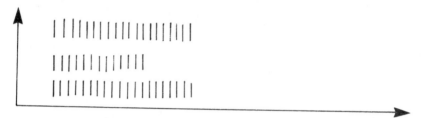

7 - 2 - 9 — *La résultante des éléments moteurs et inhibiteurs*

C'est une méthode d'analyse qui consiste à établir à un moment donné le bilan des éléments moteurs et des éléments inhibiteurs susceptibles de faire évoluer une situation dans une direction donnée.

Elle fournit une vision globale de tous les facteurs influents et de leurs poids respectifs (positifs ou négatifs, favorables ou défavorables, en termes d'atouts ou de risques).

Elle permet de prendre des décisions sur des bases préalablement établies.

Le graphique illustre par des flèches antagonistes les deux systèmes de forces en présence, la longueur de chaque flèche représentant l'importance du facteur considéré. Il s'agit souvent d'évaluations subjectives mais dont la précision peut être améliorée par des éléments économiques, des enquêtes d'opinion, des analyses statistiques, etc...

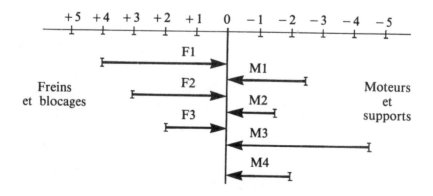

Du graphique ainsi établi découle un plan d'action pour minimiser les facteurs freins et augmenter les facteurs moteurs.

Exemple : Changement dans l'implantation physique d'une zone de travail administratif.

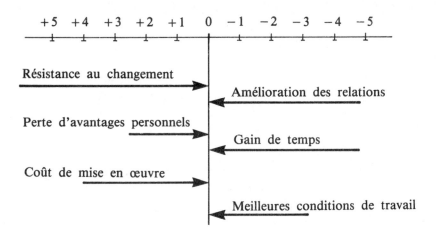

7 - 3 — **CONCLUSION**

La liste des outils que nous venons de décrire sommairement est loin d'être exhaustive. En particulier s'y ajoute la gamme des outils statistiques que nous avons évoqués antérieurement. Et puis, l'esprit imaginatif du groupe adapte et améliore l'efficacité de ces outils de base pour répondre aux besoins spécifiques qui sont les siens. Finalement c'est une large variété d'outils qui est proposée au travail en groupe.

Les cercles de Qualité utilisent systématiquement la méthodologie de travail que nous avons décrite (étapes et outils). Les groupes d'amélioration de la Qualité sont plus libres dans leurs choix mais l'expérience montre qu'ils adoptent de plus en plus les mêmes outils à leur grand avantage.

Les deux types de groupe, parfaitement définis dans leurs objectifs et leur mode opératoire, dotés de méthodes et d'outils de travail éprouvés, constituent pour l'entreprise une force permanente et continue de propositions de solutions et de mise en place d'améliorations.

Dans ces conditions, le travail en groupe demeure le mode de prévention le plus efficace pour l'entreprise et ceci d'autant plus qu'il traite de processus et de produits complexes à forte valeur ajoutée.

8 — LE MÉTIER DE FACILITEUR

Le développement du travail en groupe, notamment le mouvement des cercles de qualité a conduit les entreprises à créer un nouveau métier : celui de faciliteur de cercles.

Le lancement de cercles de qualité exige en effet pour une collectivité 3 types d'actions :

1. Des actions de type "management de programme" :
   — informer du lancement du programme
   — indiquer les règles du jeu
   — effectuer un suivi et un contrôle (notamment du respect des règles).

2. Des actions de formation.
   — l'efficacité du travail en groupe nécessite d'appliquer des règles de comportement et de communication qui ne sont pas innées,
   — l'efficacité dans la résolution de problèmes (qui est une finalité de ces groupes) nécessite aussi d'utiliser certains outils qui ont fait leur preuve (diagramme de Pareto, diagramme causes-effet, etc.).

3. Des actions de type conseil/aide au fonctionnement des nouveaux groupes.

Ce sont ces actions qui ont conduit au néologisme de "faciliteur". Il s'est avéré utile d'aider les groupes en formation à créer le plus rapidement et le plus efficacement possible, d'une part les conditions de leur cohésion par le comportement respectif des membres, et d'autre part les conditions de leur efficacité par la bonne utilisation des outils.

C'est pourquoi pratiquement toutes les entreprises qui ont lancé des programmes de Cercles de Qualité ont eu recours à un investissement en personnel pour assurer ces trois activités.

Lorsque le groupe est bien rodé, le faciliteur n'assistera plus qu'à une réunion de temps en temps, alors qu'il assiste à toutes les réunions au début.

Extension du métier de faciliteur

Nous pensons que la notion précédente peut être valablement étendue à d'autres secteurs.

Prenons par exemple l'utilisation de l'outil statistique dans les processus administratifs. L'entreprise peut créer une formation statistique de base pour personnel administratif. Il n'en reste pas moins vrai que le démarrage d'actions de contrôle statistique sera grandement facilité si l'entreprise crée un poste de faciliteur statistique chargé des missions correspondantes :

— management d'un programme d'introduction des méthodes statistiques dans les processus d'amélioration de la qualité,
— formation du personnel à la statistique,
— aide aux services pour le lancement des premiers contrôles statistique.

Le métier de faciliteur est donc triple :

— administration d'un programme,
— formation à une nouvelle discipline,
— aide à l'application de cette nouvelle discipline dans les services.

Profil d'un faciliteur

Le faciliteur sera de préférence recruté au sein de l'entreprise, si la taille de celle-ci le permet. Il devra avoir les qualités suivantes :

— expérience des opérations de l'entreprise ;
— expérience dans le management des personnes ;
— aptitude à la communication, à l'éducation, au dialogue ;
— bonne connaissance de la technique (cercles, statistiques, méthodes et outils) ;
— bonne réputation (intégrité, esprit non manipulateur).

Conclusion

La Gestion Totale de la Qualité reprend "la qualité" valeur universelle de tous les lieux, de toutes les cultures et de tous les temps, mais l'adapte à l'entreprise d'aujourd'hui sous trois aspects qui nous semblent novateurs :

— l'entreprise : ensemble de relations client-fournisseur
— l'entreprise : ensemble de processus et de produits
— l'entreprise : organisation temporelle et spatiale

L'entreprise considérée comme un ensemble de relations client-fournisseur implique deux notions d'une grande richesse pour promouvoir la qualité.

D'abord la relation client-fournisseur

La qualité considérée comme la conformité à un besoin issu d'une relation client-fournisseur est une valeur systémique ; elle implique l'échange de personne à personne ou de groupe à groupe de personnes ; elle développe la communication, la rétroaction, le couplage de proche en proche. Elle est donc source de perfectionnements et de progrès immédiats et permanents.

Par contre la qualité considérée comme la conformité à une spécification est une valeur bureaucratique ; elle met l'homme face à un document sur lequel il n'a que peu ou pas d'influence ; elle le confine dans un champ d'action où ses possibilités d'amélioration sont limitées. Que peut en effet un opérateur en ligne de production face à une instruction de fabrication ? Un agent de maintenance face à une spécification de contrôle, un agent administratif face à des règles et des procédures figées dans un manuel, un manager face à une circulaire générale ?

Certes, le niveau minimum de qualité demeure la conformité à une spécification mais le point oméga vers lequel il nous faut tendre désormais est la conformité au besoin issu d'une relation client-fournisseur.

Avec la complexité des produits, des processus, des organisations et de leurs échanges, l'aspect systémique basé anciennement sur une communication informelle entre les fournisseurs et les clients, nécessite maintenant l'établissement de communications formalisées ; "la relation client-fournisseur" en est le moyen.

Ensuite la notion formelle de client

Jusqu'alors par clients on entendait les clients externes à l'entreprise. Désormais la notion de client s'applique à tout employé ou groupe d'employés de l'entreprise (service, établissement, division, usine, etc.). Chaque employé est tour à tour client et fournisseur "interne", et, de ce fait, responsable de la qualité vis-à-vis de celui qui reçoit le produit de son travail.

L'expérience acquise dans ce domaine nous montre que cette vision de l'entreprise, très simple dans son concept est néanmoins très féconde.

L'entreprise considérée comme un ensemble de processus générateurs de produits et de services est le second élément novateur de la gestion totale de la qualité.

Il est courant, lorsqu'on visite pour la première fois une usine, de se poser d'abord la question : que produit-elle et comment ?

Ici, la vision de l'entreprise est celle d'un processus global qui génère des produits et des services fournis au monde extérieur. Une analyse méthodique plus poussée conduira de proche en proche à la décomposition de l'entreprise en un ensemble de processus générant des produits internes et externes. Les méthodes d'amélioration rationnelle de la qualité s'appliquent alors à chaque processus, ce qui entraîne l'introduction des concepts qualité dans des domaines d'activité jusqu'alors relativement inexplorés.

Au cours des dernières décennies, un progrès considérable a été accompli dans ce sens par l'organisation Assurance de la Qualité mais essentiellement au titre des produits et des processus de fabrication.

Une prise de conscience aujourd'hui s'impose : la même approche peut et doit s'appliquer à la totalité des activités de l'entreprise qu'elles soient financières, administratives, commerciales ou de production.

Il est vain de vouloir assurer la qualité de produits et de services complexes simplement par un contrôle final. L'assurance de la qualité des processus devient une nécessité dans tous les domaines de l'entreprise.

Enfin l'organisation temporelle de l'entreprise superposée à l'organisation spatiale nous paraît la troisième innovation de la gestion totale de la qualité.

C'est celle qui assure l'optimisation de la contribution créative du personnel de l'entreprise et par conséquent une meilleure prise en compte par l'entreprise des problèmes qu'elle doit résoudre notamment sur le mode préventif.

Les 3 aspects novateurs de la Qualité Totale que nous venons d'évoquer améliorent globalement le système de gestion de l'entreprise et en fin de compte sa compétitivité.

Index

- A -

- Adhésion du Personnel : p. 62, 71.
- Amélioration rationnelle de la qualité : p. 62, 74.
- Analyse de comparaison : p. 212.
- Assurance de la qualité : p. 22.
- Assurance des produits : p. 139.
- Attributs : p. 201.
- Auto-contrôle : p. 103, 114.

- B -

- Brainstorming : p. 206.

- C -

- Cartes de contrôle : p. 195.
- Causes-effet (diagramme) : p. 213.
- Cercle de Qualité : p. 105.
- Comités Qualité : p. 82.
- Communications : p. 97.
- Complexité : p. 15.
- Conception assistée par ordinateur (C.A.O.) : p. 16, 53.
- Concept qualité (évolution) : p. 21, 31.
- Concepts de base : p. 33, 45.
- Conformité/non-conformité : p. 47, 55, 75, 140, 152.
- Contrats de service : p. 133.
- Contrôle de la qualité : p. 21.
- Contrôle des processus : p. 173.
- Contrôle statistique : p. 181.
- Coordonnateurs fonctionnels : p. 84.
- Coût d'Obtention de la Qualité (C.O.Q.) : p. 56, 128, 147.
- Crise énergetique : p. 19.
- Cycle des produits : p. 29.

- D -

- Défaillances : p. 132.
- Défauts au temps T = 0 : p. 140.
- Défauts chroniques/sporadiques : p. 108.
- Définition de la Qualité : p. 45.
- Description et Analyse d'Activités (D.A.A.) : p. 124, 153.
- Diagrammes : p. 186, 213.
- Direction qualité : p. 83.
- Distribution : p. 187.

- E -

- Ecart-type : p. 188.
- Echantillon-Echantillonnage : p. 168, 193.
- Engagement du Management : p. 62, 65, 86.
- Enquête de satisfaction clients : p. 136.
- Estimation statistique : p. 192.
- Etapes de la résolution d'un problème : p. 205.
- Etudes de cas : p. 87.
- Etudes d'opinion qualité : p. 162.
- Evaluation (composante du C.O.Q.) : p. 152.

- F -

- Faciliteur : p. 222.
- Feuilles d'acquisition de données : p. 217.
- Formation à la qualité : p. 85.
- Fournisseurs : formation : p. 92.
-     —   qualification : p. 138.

- G -

- Gestion Totale de la Qualité (G.T.Q.) : p. 25.
- Graphiques : p. 219.
- Groupe d'Amélioration de la Qualité (G.A.Q.) : p. 105.

- H -

- Histogrammes : p. 183.

- I -

- Indicateurs de marche des affaires : p. 100.
- Indicateurs Qualité : p. 55.
- Indices de satisfaction clients : p. 59.

- J -

- Jaillissement d'idées : : p. 210.

- M -

- Management des processus : p. 178.
- Mesure de la qualité : p. 55.
- Mondialisation des marchés : p. 17.
- Mouvement qualité : p. 30.
- Moyenne : p. 188, 193.

- O -

- Objectifs individuels : p. 110.
- Objectifs Qualité : p. 99.
- Opinion (étude d'opinion) : p. 162.
- Organisation spatiale et temporelle : p. 108.
- Outils de résolution de problèmes : p. 210.

- P -

- Pareto (diagramme de) : p. 216.
- Parties par million (ppm) : p. 49, 146, 190.
- Plan d'action général : p. 65.
- Plan qualité : p. 101.
- Politique qualité : p. 39, 82.
- Prélèvements : p. 192.
- Prévention : p. 53.
- Principes de gestion de la qualité : p. 38, 62.
- Probabilité : p. 194.
- Processus (définition - contrôle - Management) : p. 89, 173, 200, 224.
- Productivité (et qualité) : p. 158.
- Projet d'Amélioration de la Qualité (P.A.Q.) : p. 68, 94.
- Programme Qualité : p. 33, 65, 87.
- Proportion : p. 193.

- Q -

- Qualification des fournisseurs : p. 138, 149.
- Qualification des produits achetés : p. 138, 139.

- R -

- Reconnaissance des mérites : p. 98.
- Relation client-fournisseur (R.C.F.) : p. 43, 48, 63, 113, 121, 224.

- Relation client-fournisseur externe RC (FE) : p. 138.
- Relation client externe - Fournisseur R (CE) F : p. 136.
- Résultante des éléments moteurs et inhibiteurs : p. 220.
- Résultats marquants : p. 100.
- Résolution de problèmes (étapes, outils) : p. 205, 210.

- S -

- Satisfaction client : p. 59.
- Satisfaction du personnel : p. 71, 72, 104.
- Satisfaction (enquête de) : p. 136.
- Socio-culturelle (évolution) : p. 18.
- Statistique (contrôle) : p. 181.
- Structure qualité : p. 82.

- T -

- Total Quality Control (T.Q.C.) : p. 25, 29.
- Travail en groupe : p. 104, 205.

- V -

- Variables : p. 201.
- Vote pondéré : p. 211.

- Z -

- Zéro défaut : p. 49, 63.

Glossaire

B - Base (coût de)
C.A. - Chiffre d'Affaires
C.A.O. - Conception Assistée par Ordinateur.
C.O.Q. - Coût d'Obtention de la Qualité
C.P.T. - Coût du Produit du Travail
C.Q. - Cercle de Qualité
C.W.Q.C. - Company Wide Quality Control
D - Défaillances (coût de)
D.A.A. - Description et Analyse d'Activités
Dc - Défaillances créées
De - Défaillances externes (envoyées à l'extérieur)
Di - Défaillances internes (créées à l'intérieur)
Dp - Défaillances propres
Ds - Défaillances subies
Dcc - Défaillances créées corrigées
Dce - Défaillances créées envoyées à l'extérieur
Dsc - Défaillances subies corrigées à l'intérieur
Dse - Défaillances subies transmises à l'extérieur
E - Evaluation (coût d')
E.T. - Efficacité du Test
G.A.Q. - Groupe d'Amélioration de la Qualité
G.T.Q. - Gestion Totale de la Qualité
L.C.S. - Limite de Contrôle Supérieure
L.C.I. - Limite de Contrôle Inférieure
P - Productivité
P - Prévention (coût de)
P - Proportion
P.A.Q. - Projet d'Amélioration de la Qualité
P.P.M. - Parties par million
R. - Etendue (dispersion)
R.C.F. - Relation Client-Fournisseur
R.C.-F.E. - Relation Client-Fournisseur Externe
R.C.E.-F. - Relation Client Externe-Fournisseur
s - Ecart-type

T_0 - (ou $T = 0$) Taux de défauts au temps $t = $ zéro
T.Q.C. - Total Quality Control
V - Variance
V.A. - Valeur Ajoutée
X - Moyenne (de la variable x)
Z.D. - Zéro-Défaut

Bibliographie

AFNOR 83   *Gérer et assurer la qualité*, (recueil de normes françaises), 1983.

ARCHIER G. et SERIEYX H.   *L'entreprise du 3ᵉ type*, Seuil, 1984.

Association des anciens élèves de l'I.A.E. de Paris   *La qualité dans l'entreprise*, les Editions d'Organisation, 1985.

CEGOS et DE LIGNY G.   *Pratique des cercles de qualité*, Editions Hommes et Techniques, 1982.

Ph. B. CROSBY   *Quality is free*, 1979. — *Quality without tears*, (Mc Graw-Hill), 1983.

FEIGENBAUM A.   *Comment appliquer le contrôle total de la qualité*, les Editions de l'Entreprise S.A., 1985.

FEY R. et J.-M. GOGUE   *La maîtrise de la qualité industrielle*, Les Editions d'Organisation, 1984.

GELINIER O.   *Morale de la compétitivité*, Editions Hommes et Techniques, 1980.

ISHIKAWA K.   *Le T.Q.C. ou la qualité à la japonaise*, AFNOR Gestion, Eyrolles.

ISHIKAWA K.   *La gestion de la qualité*, Outils et Applications pratiques, Dunod, 1984.

JURAN J.-M.   *Gestion de la qualité*, AFNOR, collection Normes et Techniques, 1983.

JURAN J.-M.   *Quality control Handbook*, (Mc Graw-Hill), 3ᵉ édition, 1984.

JURAN J.-M. and CRYNA F.-M.   *Quality planning and analysis*, (Mc Graw-Hill), 2ᵉ édition, 1979.

MONTEIL B.   *Cercles de qualité et de progrès*, Les Editions d'Organisation, 1985.

MONTEIL B., RAVELEAU G. et PERIGORD M.   *Les outils des cercles et de l'amélioration de la qualité*, Les Editions d'Organisation, 1985.

TAVERNE A.   *Connaissance et maîtrise de la statistique*, (2 volumes), Les Editions d'Organisation, 1985.

T.-J. WATSON Jr   *A business and its beliefs*, (Mc Graw-Hill), 1962.